Xscape Origins

LAS CANCIONES E HISTORIAS QUE MICHAEL JACKSON DEJÓ ATRÁS

DAMIEN SHIELDS

Traducción
MARISA RAMÍREZ

◆ **Modegy**

Primera edición: Modegy L.L.C., 2015

© Damien Shields, 2015

Traducción: Marisa Ramírez
(Translated from original English language text by Marisa Ramírez)

Diseño de portada: Stephan Ward y James Alay.

ISBN 978-0-9861991-4-1 (español edición impresa)

También disponible:
ISBN 978-0-9861991-3-4 (español edición ebook)
ISBN 978-0-9861991-0-3 (inglés edición impresa)
ISBN 978-0-9881991-1-0 (inglés edición ebook)

Shields, Damien, 1988-

Xscape Origins: Las Canciones e Historias que Michael Jackson Dejó Atrás/ Damien Shields. Prólogo de Matt Forger.
Incluye referencias bibliográficas.

1-Jackson, Michael, 1958-2009- Criticism and interpretation. 2. Popular music -United States- History and criticism. I. Title.

Todos los derechos reservados. Ninguna parte de esta publicación puede ser reproducida, copiada o transmitida en forma electrónica, mecánica, fotocopia, grabación u otras sin permiso escrito del editor.

Manufactured in the United States of America.

Modegy

Distributed by Modegy, LLC.
USA

For press inquiries or information about custom editions, special sales, and premium and corporate purchases, please contact Modegy at sales@modegy.com

All rights reserved. No part of this publication may be reproduced, stored in a retrieval system, or transmitted, in any form or by any means, electronic, mechanical, photocopying, recording, or otherwise, without prior written permission from the publisher.

2 4 6 8 10 9 7 5 3 1
First Spanish Edition

www.modegy.com
www.xscapeorigins.com
www.damienshields.com

Contenido

Introducción 1
Prólogo de Matt Forger 7

Love Never Felt So Good 11
She Was Loving Me a.k.a. Chicago 21
Loving You 41
A Place With No Name 47
Slave to the Rhythm 65
Do You Know Where Your Children Are 75
Blue Gangsta 91
Xscape a.k.a. Escape 105

Fuentes 129
Agradecimientos 135

"Seamos sinceros, ¿Quién no quiere la inmortalidad? Todo el mundo la quiere. Tu quieres que lo que has creado viva; ya sea una escultura, una pintura, música o una composición. Como dijo Miguel Ángel: 'Sé que el creador se irá, pero su trabajo sobrevivirá. Por eso, para escapar de la muerte, intento conectar mi alma a mi trabajo'".

- Michael Jackson

Introducción

La idea de escribir este libro surgió mientras hablaba por teléfono con mi gran amigo James –fan de Michael Jackson también- en junio de 2014. Durante la llamada estuvimos comentando lo que pensábamos acerca del reciente lanzamiento del álbum *Xscape*, publicado hacía sólo unas pocas semanas. El álbum, publicado por Epic Records junto con los albaceas del patrimonio de Michael Jackson, presenta ocho canciones, inéditas hasta ese momento, del Rey del Pop. Cada una de ellas, grabadas originalmente entre 1980 y 1999, fue remezclada con la intención de presentar a Michael Jackson a una nueva generación de potenciales fans. Para los puristas se publicaron también las "versiones originales" de esas canciones, pero sólo en una edición de lujo del álbum.

Nuestra conversación sobre *Xscape* se basó en la

frustración. Nos sentíamos frustrados por el hecho de que las versiones originales de Michael; en las que él había pasado innumerables horas, días, semanas, meses, y en algunos casos, años trabajando y perfeccionando diligentemente, fueran aparentemente ignoradas durante la promoción del disco, mientras que a las nuevas versiones de las mismas se les ofreció una plataforma publicitaria mundial millonaria en dólares. Nos pareció, al menos a nosotros, que las versiones originales estaban siendo tratadas por la discográfica y los albaceas meramente como una inclusión obligatoria, en lugar de como las obras maestras dignas de escuchar que son realmente. Parecía que quienes están a cargo de supervisar el legado de Michael; los guardianes de su extenso catálogo de material inédito y publicado, no creían en su habilidad para atraer al público en general. Parecía que no tenían fe en la calidad del trabajo mismo, que esos esbozos artísticos intemporales estaban anticuados y desfasados y no estaban a la moda o no eran lo suficientemente contemporáneos como para captar la atención e imaginación de la juventud actual. Daba la impresión de que no tenían en absoluto confianza en la comercialidad de la marca "Michael Jackson" por sí misma, y en su lugar había que apoyarse en nombres de productores "actuales" y artistas para presentar nuevamente, remezclados y replanteados, los proyectos en los que Michael Jackson y su equipo de arquitectos del sonido habían trabajado tan duramente para delinear.

Quizás lo más frustrante de todo es que el verdadero

INTRODUCCIÓN

· · · · · ·

origen y las historias puntuales detrás de las versiones originales de las canciones usadas para crear el proyecto *Xscape* habían sido ignoradas en gran medida durante su promoción comercial. Mientras que los productores de las versiones nuevas que aparecen en el álbum -muchos de los cuales nunca trabajaron con Michael durante su vida- han decidido descartar la música original de Michael para crear las nuevas pistas, se ha arrojado muy poca luz sobre el equipo de compositores, productores, músicos, ingenieros, etc., que trabajaron mano a mano con Michael durante su vida para que esas ideas dieran su fruto.

Hay algunas excepciones que deben ser apreciadas. Paul Anka, que co-escribió el primer single del álbum, "Love Never Felt So Good", hizo algunas apariciones televisivas en programas de gran repercusión para hablar de su trabajo con Michael, así como el organizador del proyecto y presidente de Epic Records, L. A. Reid, que co-escribió "Slave to the Rhythm". Personas como el ingeniero Matt Forger y el productor Cory Rooney, que trabajaron en algunas de las versiones originales, aparecieron en breves vídeos subidos al canal oficial de Michael Jackson en YouTube, mientras que el autor Joseph Vogel hizo una encomiable labor incluyendo bastante información de fondo en el libreto del disco, que escribió para la discográfica.

Pero además, dada la importancia histórica de la vida de Michael, no sólo como artista sino también como humanitario, activista e icono cultural, y considerando la profundidad y riqueza de las fascinantes historias detrás de la inspiración, creación y evolución de la música generada a partir de las experiencias de una vida como la suya, sentí que no se había hecho lo suficiente para conocer y documentar adecuadamente la auténtica genialidad artística de Michael y la sangre, sudor y lágrimas que derramó en su búsqueda de la grandeza e inmortalización a través de su obra.

"Es demasiado trabajo", explicó Michael una vez respecto al proceso de grabación musical y a la realización de un álbum. "Mucha gente está acostumbrada a ver sólo el resultado final del trabajo. Nunca ven el trabajo que hay que hacer para llegar a ese resultado", añade, antes de concluir humildemente que "nadie puede decir exactamente en qué consiste el proceso creativo, porque [casi] no tengo nada que ver con ello", admitiendo que la música "se crea en el espacio. Es obra de Dios, no mía".

Y aquí radica el reto de detallar lo que el propio Michael Jackson trató de expresar con palabras.

Mi meta al escribir este libro fue reunir todas las piezas del puzzle respecto al origen de las ocho canciones del álbum *Xscape*. Me dispuse a hacer esto en primer lugar familiarizándome con todo lo que ya se había publicado sobre las canciones. Una vez tuve una buena perspectiva de toda la información ya disponible, me dispuse a corroborar los datos y a completar dicha información, y había mucho que completar.

INTRODUCCIÓN
......

Me puse en contacto con todos y cada uno de los que habían trabajado en una o más canciones, de una forma u otra, y comencé una serie de entrevistas exclusivas con los participantes que estuvieron dispuestos. Viajé a lo largo del mundo invitado a conocer ingenieros y productores con base en estudios de grabación de Estados Unidos. Visité a algunos en su casa y a otros en centros comerciales, restaurantes y cafeterías. Pasé innumerables horas llevando a cabo entrevistas exhaustivas por teléfono desde Australia (donde vivo) así como por email, y otros medios variados… Entre los entrevistados están Matt Forger, Michael Prince, John Barnes, Cory Rooney, Fred Jerkins III, Brian Vibberts y CJ de Villar, todos ellos fueron abrumadoramente generosos con su tiempo, revelaciones y pasión por el proyecto. Muchos otros, incluidos Rodney Jerkins, Brad Buxer, Dr. Freeze, Brad Sundberg y Kathy Wakefield fueron también tan amables de contribuir con sus opiniones y recuerdos, los cuales he utilizado para enriquecer más las historias.

Estas nuevas y exclusivas opiniones e ideas han sido entrelazadas minuciosamente con anécdotas y citas reunidas de abundantes fuentes publicadas a lo largo de los años; desde artículos de prensa hasta fanzines, testimonios en los tribunales, libros, notas de álbumes y mucho más, para aportar una visión de conjunto de los orígenes y evolución de cada canción tan completo como fue posible.

Estas no son mis historias. Son historias que pertenecen a Michael y a sus colaboradores. Me siento privilegiado por haber escuchado personalmente muchas de ellas directamente de aquellos que estuvieron presentes mientras esas canciones fueron concebidas y desarrolladas. Creo que ningún periodista ni escritor en el mundo podría ofrecer estos extraordinarios relatos con el mismo nivel de convicción, pasión y autenticidad que aquellos que estuvieron allí y lo hacen hablando con el corazón. Por eso, cuando estaba reuniendo las piezas del manuscrito para este libro, hice el esfuerzo consciente de *no* ser yo mismo el narrador, siempre que fuera posible, sino usar un estilo de escritura de citas que permite que los hechos sean contados en palabras de quienes estaban allí, en el estudio, trabajando en las canciones *con* Michael Jackson.

Prólogo
Por Matt Forger

Michael Jackson era una fuerza creativa. Buscando siempre algo nuevo, nunca estaba sin una nueva idea para una canción o una demo incompleta, esperando el momento y la energía para finalizarlas. Hubo muchos planes e ideas que fueron interrumpidos cuando se marchó de este mundo, pero lo que dejó tras de sí es un poderoso recordatorio tanto de su talento ilimitado como del deseo de ofrecer a sus fans las mejores canciones posibles. Personalmente, estar involucrado en tantos proyectos, y ayudarle a completar sus ideas, fue un privilegio por el cual estaré eternamente agradecido. En muchas ocasiones, las cosas se dejaban a un lado porque otra idea atraía su atención, y sólo tenemos cierto tiempo en el día, o en la vida, para explorar todas la posibilidades que existen.

El proceso creativo para Michael nunca seguía un

patrón o fórmula. Cada canción era un caso especial de explorar una idea, una melodía, un ritmo, una historia que contar o una emoción que comunicar. A veces trabajaba él solo, y permitía que 'la canción se escribiera por sí misma', como explicaba a menudo. Mientras que otras veces era un trabajo de colaboración. A veces encontraba una canción actual que le inspiraba, la interpretaba a su modo y la hacía suya. No importa el modo en que se desarrollara el proceso, los resultados eran siempre impresionantes.

Damien Shields se ha enfrentado a la tarea de investigar algunas de estas canciones e historias detrás de su creación y le doy las gracias por ello. Hay muchas lecciones que aprender de un genio creativo como Michael Jackson. Como Michael decía: 'Estudia a los grandes y te convertirás en el más grande'. Ahora ya sólo nos queda estudiar a un niño pobre de una ciudad del medio oeste americano que llegó a ser el artista más popular del planeta. La siguiente crónica es un examen detallado de cómo algunas canciones –no publicadas en su momento- llegaron a nacer.

Es importante documentar el proceso creativo y contarlo, no sólo por el hecho histórico en sí, sino para rendir homenaje a una persona que adoraba contar historias y habría querido que la historia fuera contada.

PRÓLOGO
······

Matt Forger *fue uno de los ingenieros de grabación de mayor confianza y que más tiempo estuvo junto a Michael Jackson. Empezó en 1982 con el álbum más vendido de la historia de la música,* Thriller. *Forger trabajó estrechamente junto a Jackson durante quince años en proyectos relevantes tales como* Victory, *en 1984,* Capitán Eo, *en 1986,* Bad, *en 1987,* Dangerous, *en 1991,* HIStory, *en 1995 y* Blood on the Dance Floor: HIStory in the Mix, *en 1997. Además de trabajar en música publicada oficialmente en estudios icónicos tales como* Westlake, Ocean Way *y* The Hit Factory, *Forger jugó un papel crucial en colaboraciones temporales en estudios más pequeños, incluido el de Hayvenhurst, el hogar de Jackson en Encino, California, durante los años 80, ayudándole a finalizar ideas en forma de demos. Forger también trabajó en la música de Jackson para Epic Records, contribuyendo con su talento para las mezclas e ingeniería en material previamente inédito incluido en* Ultimate Collection, *en 2004,* King of Pop, *en 2008 y en el publicado póstumamente,* Bad 25, *en 2012. Si alguien conoce el proceso creativo de Jackson de principio a fin y hasta el último detalle, es Matt Forger.*

Love Never Felt So Good

Era 1980 y el pequeño Michael Jackson, el diminuto niño prodigio que había llevado al legendario grupo de Motown, *The Jackson 5*, hacia el récord de cuatro números uno consecutivos en la década anterior, ya no era tan pequeño. Por el contrario, era una superestrella de veintiún años que ya había vivido dos ilustres carreras.

En los breves años que había pasado ya como joven adulto, desde la separación de *The Jackson 5* de Motown, Jackson había emprendido y culminado una serie de proyectos de primera fila, con los que la mayoría artistas se habrían retirado felizmente, incluidos cuatro álbumes con The Jacksons –el homónimo *The Jacksons* en 1976, *Goin' Places* en 1977, *Destiny* en 1978 y *Triumph* en 1980, así como *The Wiz*, la película musical de 1978, el álbum *Off The Wall,* la gira mundial *Destiny* en 1979 y la gira *Triumph* en 1981.

Cuando cumplió los veintiuno, Jackson prácticamente se había garantizado ya los dos ingresos en el *Salón de la Fama del Rock & Roll* que finalmente le serían concedidos. E imaginen, todo esto antes de que el mundo hubiera oído una sola nota de *Thriller*, el álbum de Jackson publicado en 1982 que se convertiría rápidamente en el más vendido de la historia de la música, un honor que mantiene aún en la actualidad, más de tres décadas después.

A pesar de la considerable producción durante su adolescencia e inicios de su veintena, una gran cantidad de material extra en el que Jackson había trabajado en esa época –incluido trabajo en solitario, música con sus hermanos y colaboraciones con Freddie Mercury, del grupo *Queen*- permanecía inédito, y a menudo incompleto.

Una de esas colaboraciones era una ligera canción de amor co-escrita en 1980 por Michael Jackson y el cantante y compositor canadiense, Paul Anka. La canción, llamada "Love Never Felt So Good", no fue nunca completamente terminada por Jackson más allá de la demo grabada con Anka. La demo presenta a Anka al piano y a un vibrante y juvenil Jackson en las vocales. Sin banda. Sin producción. Sólo dos talentos vibrando en el estudio.

La relación de Jackson con Anka -más conocido por haber escrito el éxito de Tom Jones, "Shes's a Lady", y el célebre tema de Frank Sinatra, "My Way"- se remonta a los años

70. Según Anka, los padres de Michael, Joseph y Katherine Jackson, solían llevar a toda la familia a Las Vegas para conocer el mundo del espectáculo, incluido el show de Anka en el *Caesar Palace*. Fue durante esos viajes cuando Anka conoció a los Jacksons, incluido Michael, y se creó una estrecha amistad entre ellos.

"Conocí a Michael Jackson cuando era un jovencito", recuerda Anka.

"Sabía que tenía un inmenso talento –esto fue antes de *Thriller* y sus enormes éxitos- y empecé a pensar en colaborar con él".

"Su familia solía ir al *Caesar Palace* cuando estaba trabajando allí, asistían a mis shows y me visitaban entre bastidores. Nos sentábamos a hablar y en ese momento me di cuenta de que mi joven amigo estaba muy interesado en el negocio del espectáculo. Era una esponja, siempre haciendo preguntas muy inteligentes", recuerda Anka. "Era una familia muy motivada hacia el mundo de la escena. Se podía notar eso".

El deseo de Jackson de absorber tanto conocimiento, sabiduría y habilidades de los más grandes es algo que ha sido bien documentado a lo largo de los años. Desde historias de él fisgoneando a Etta James detrás del escenario, interrogando a Bobby Taylor, observando tras el telón a Jackie Wilson y a James Brown mientras actuaban en los teatros a finales de los 60. Jackson estudiaba incansablemente a sus ídolos.

Cuando estaba de gira con sus hermanos a finales de los 70 y primeros de los 80, el grupo *The Jacksons* viajaba en autobús. En él había instalado un televisor y un reproductor de vídeo, "el cual manejaba Michael después de los conciertos", recuerda su manager de entonces, Ron Weisner. "Ponía vídeos caseros con actuaciones de [Fred] Astaire, [Charlie] Chaplin, [James] Brown y [Jackie] Wilson. Michael miraba fijamente la diminuta televisión embelesado por aquellos artistas, tan inspirado a veces que imitaba sus pasos de baile en el pasillo del autobús".

"Michael no podía parar de estudiar con la idea de que necesitaba que toda esa historia corriera por sus venas para poder poner frenético a su público", continúa Weisner. "Su nivel de energía entonces estaba fuera de los límites, incomparable con nadie que hubiera visto antes o después. Solía contarles a mis amigos que Michael era un alien; que no era uno de nosotros. Su enfoque, el alcance de su atención y su ética de trabajo estaban muchísimo más allá de los del ser humano normal. Quería ser el mejor y después llegar más lejos. Se trataba siempre de hacer historia, de mover más equipos, de vender más entradas, de hacer los vídeos más originales, de conseguir las reseñas más brillantes, y estaba bien enterado de que la única forma de que eso sucediera era trabajando más, estudiando más y pensando más que cualquiera a quien él percibiera como un competidor".

Pasarían muchos años entre los días en Las Vegas con

la familia Jackson y el siguiente encuentro de Anka con Michael, el cual tendría lugar finalmente en California en 1980, donde volvieron a ponerse en contacto gracias a su mutuo amigo David Gest.

"Michael empezó conmigo a los veintiuno", recuerda Anka. "Era muy profesional. Sabía lo que quería. Le gustaba el negocio del espectáculo y quería ser el número uno. Y era un chico con mucho talento con el que trabajar. He trabajado con muchos de ellos, pero él tenía algo muy especial. Era un talento único".

Anka invitó a Jackson a su casa de *Carmel by the Sea*, en Monterey County, California, donde se acabó quedando dos semanas, durante las cuales ambos colaboraron en una serie de ideas y conceptos.

"Pasamos mucho tiempo en mi estudio y surgió mucho material; algunas canciones medio terminadas y otras acabadas completamente, y el proceso fue realmente excitante para mí".

"Michael y yo empezamos a trastear con las canciones en las que estábamos trabajando. Me quedé impresionado por el modo en que él manejaba el proceso de composición. Sabía cómo abordar una canción, no sólo porque tenía una increíble calidad vocal, sino también por su capacidad para hacer complicados fraseos a partir del ritmo inicial de una nota tocada por él al piano con un solo dedo".

Después de las dos semanas de colaboración en el estudio de Anka en Carmel, Jackson centró su atención en la vuelta al trabajo con sus hermanos, con quienes aún actuaba como *The Jacksons* en aquel momento.

The Jacksons acababan de grabar el álbum *Triumph* y estaban en medio de su lanzamiento. El grupo saldría de gira en 1981 para apoyar el disco, ligándolo al recientemente publicado por Michael en solitario, *Off The Wall*, incluyendo los éxitos número uno "Don't Stop 'Til You Get Enough" y "Rock With You" también en la gira.

Además de todo eso, Jackson estaba trabajando en el que sería finalmente su gran álbum en solitario, *Thriller*. Durante ese periodo de tiempo fue cuando Jackson se vio involucrado en un desafortunado incidente con Anka.

Jackson había dispuesto entregarle las cintas de las sesiones que ambos habían llevado a cabo en el estudio de Anka.

"Yo tenía cintas en el estudio de Los Ángeles, creo que era en *Sunset Sound*", recuerda Anka. "Todas las cintas de cuando estuvimos trabajando juntos".

"Mientras estábamos grabando, salió *Thriller*. No sé si fue Michael o alguien de su equipo pero se llevaron, ilegalmente, las cintas de mi estudio. Me enfadé mucho y hablé con sus abogados, que también eran los míos, y les dije: '¿Por qué? Necesito terminar este proyecto'. Casi llegamos a entrar en litigio, pero devolvieron las cintas".

Para frustración de Anka, Jackson nunca volvió para terminar el trabajo que habían comenzado en 1980. Las canciones en las que habían trabajado quedaron en forma de demos, con las clásicas palmadas de Jackson, sus chasquidos de dedos y adornos de percusión oral, pero sin la adecuada grabación de las vocales en multipistas.

Aunque Jackson nunca volvió para completar la música, ambos tuvieron una especie de reunión en un despacho de abogados en Los Ángeles tres años después de su colaboración, en 1983.

"Yo estaba en un despacho de abogados unos años más tarde", recuerda Anka, "y uno de los abogados entró y dijo: 'Michael Jackson está en la puerta de al lado y quiere verte'. Me sentía todavía dolido pero me dije: '¿Sabes qué? Es agua pasada'. Fui a la puerta de al lado y me dijo: 'Paul, espero que no estés aún enfadado'. Yo le contesté: 'Michael, no te preocupes por eso'.

Poco después de esa reunión con Jackson en el despacho de Los Ángeles, se registraron los derechos de autor de "Love Never Felt So Good" en el Registro de Derechos de Autor de Estados Unidos. La autoría de la solicitud, presentada el 19 de julio de 1983, es compartida por Jackson y Anka por "letra y música". La fecha de creación citada es 1980, y sus respectivas compañías, Mijac Music y Squwanko Music, Inc, son los reclamantes.

Seis meses después de que la versión de Michael Jackson de "Love Never Felt So Good" fuera registrada, el artista americano Johnny Mathis hizo una interpretación del tema.

La versión de Mathis, publicada en enero de 1984 como parte de su álbum *A Special Part of Me*, presenta al antiguo guitarrista de Jackson, David Williams, y un arreglo de trompeta de Jerry Hey. El tema incluye también una refinada letra gracias a la compositora Kathy Wakefield, que ayudó a afinarla antes de que la grabara Mathis.

Wakefield, que recibió el crédito como autora en la versión de Mathis, había trabajado con Michael previamente durante los días de Motown, cuando formaba parte de los Jackson 5. A lo largo de su carrera también trabajó con su hermano Jermaine en varias ocasiones, y co-escribió "Torture", del álbum de 1984, *Victory*, con su hermano Jackie.

"Michael era algo estremecedor de ver y escuchar, incluso cuando no era ni lo suficientemente alto como para alcanzar el micro", recuerda Wakefield. "Y después, trabajando con todos los Jacksons, todos eran de lo mejor. Jackie y yo trabajamos juntos, y lo mismo con Jermaine y Michael, y más adelante con Marlon".

"Era un momento de gran creatividad para mucha gente, con muchos proyectos e increíbles colaboraciones en marcha; por eso es, creo yo, por lo que aquella música suena tan bien, incluso actualmente. Siempre hubo una maravillosa sensación de que estábamos haciendo una gran música".

"El trabajo y la presencia de Michael eran inevitables en todo momento", dice Wakefield, "no importaba que estuviera en la misma habitación o en la misma ciudad. Siempre era amable y educado, y hablaba con tal suavidad que tenías que inclinarte para escuchar lo que estaba diciendo; al contrario que el Michael del escenario, o el Michael en el estudio de grabación, o el Michael como la superestrella impresionante. Era increíble trabajar con él, y emocionante verle convertirse en la leyenda en la que finalmente se convirtió".

No fue hasta final de 2006 que "Love Never Felt So Good" salió a la superficie de nuevo, con una copia digital de baja calidad de la demo de Jackson y Anka filtrada en Internet. Tres años más tarde, poco después del fallecimiento de Jackson, una copia de la cinta original fue descubierta por sus albaceas. Entonces fue remezclada por el compositor holandés Giorgio Tuinfort (con quien había trabajado Jackson en los últimos años de su vida, en el dúo con Akon, "Hold My Hand", escrito por Claude Kelly) para un proyecto inminente.

El remix de Tuinfort de "Love Never Felt So Good" fue tenido en cuenta pero finalmente no incluido en *Michael*, el primer álbum póstumo publicado por los herederos de Jackson y Epic Records en diciembre de 2010.

Finalmente, treinta y cuatro años después de su grabación original, "Love Never Felt So Good" fue oficialmente publicada como parte del álbum *Xscape*, en mayo de 2014.

"Lo que sucedió fue que Michael obviamente copió esas cintas originales, las guardó y todos esos años después esa copia de mi cinta que tenía en su cajón es la que usaron ellos", deduce Anka del acceso que los herederos y la discográfica tuvieron a la grabación original.

De acuerdo con él, de las canciones en las que él y Jackson trabajaron juntos durante el lapso de dos semanas, incluida "I Never Heard" (publicada como "This Is It" en la banda sonora de *Michael Jackson's This Is It*, en 2009) y "It Don't Matter To Me" (que permanece inédita y nunca oída por el público), "Love Never Felt So Good" era la que más le entusiasmaba.

"El cambio en los acordes. La idea de la canción. El registro. El modo en que la abordó. Era el modo en que él lo escuchaba *todo* y lo vocalizaba. Todos los pequeños sonidos, las armonías, y el modo en que nos reflejábamos el uno en el otro con la letra y lo que queríamos decir".

Anka recuerda a Jackson aportando más, en relación al sonido del tema, que otros artistas con los que ha colaborado.

"Michael aportó mucho más a la pista básica con todas esas cosas que él hacía y ese gran sentimiento de pasión, calidez y credibilidad que ponía en sus canciones... Lo he sentido muchas veces, desde Tom Jones, Frank Sinatra, Elvis Presley y muchos más, pero ["Love Never Felt So Good"] ocupa un lugar muy especial debido a su historia y debido a Michael".

She Was Loving Me
a.k.a. Chicago

Los Premios Grammy son quizás la ceremonia anual más prestigiosa que la industria musical puede ofrecer. Todos y cada uno de los años, la élite musical –cantantes, compositores, productores, ingenieros y ejecutivos discográficos- se reúnen para honrar a los talentos más importantes de la industria, en la que unos pocos elegidos ganan el mayor galardón que existe en sus respectivos campos y categorías.

Michael Jackson estaba también familiarizado con la ceremonia y sus premios, habiendo ganado trece Grammys a lo largo de sus cuatro décadas en el espectáculo. Jackson dejó huella en la industria musical como nadie antes que él, llevándose a casa la friolera de *ocho* premios durante los Grammy de 1984 en el *Shrine Auditorium* de Los Ángeles, California, siete de los cuales fueron por su insuperable álbum *Thriller*.

El octavo lo ganó por su contribución en la grabación *E.T. El Extraterrestre.*

Quince años después del histórico dominio de Jackson en los Grammy, el *Shrine Auditorium* volvió a ser anfitrión de la estelar ceremonia con los nombres más grandes de la música acudiendo en masa a Los Ángeles para asistir a la 41ª Edición Anual de los Premios Grammy, el 24 de febrero de 1999.

Pero mientras la industria brindaba por el final del siglo, su talento más brillante estaba a menos de ocho millas de allí, refugiado en un estudio de grabación de Hollywood y con su mirada puesta directamente en el nuevo milenio.

Jackson llevaba trabajando arduamente durante casi un año entero en el momento en que tuvo lugar la ceremonia de los Grammy de 1999, centrado en la creación de nuevas canciones del que sería su siguiente (y finalmente el último) álbum de estudio. Durante la semana de la ceremonia estaba usando *Marvin Room*, un estudio icónico de Sunset Boulevard fundado como *Marvin Gaye Studios,* propiedad de Gaye desde 1975 hasta 1979, antes de ser embargado, vendido, cambiado de nombre, vuelto a vender y finalmente restaurado y renombrado de nuevo por el ejecutivo musical John McClain, quien lo compró en 1997 para colaborar con el talentoso compositor y productor Elliot Straite, más conocido en la industria musical como "Dr. Freeze". McClain, que era manager de Michael en ese momento, organizó la colaboración entre ambos.

El sello discográfico de Jackson, Epic Records (propiedad de Sony Entertainment), esperaba publicar el trabajo en curso del cantante en forma de álbum en algún momento *antes* de la llegada del nuevo milenio. Sin embargo, después de varios aplazamientos, resultó obvio que Jackson no estaba preocupado por cumplir las fechas previstas por ellos. Hasta primeros de 1999, la discográfica no había escuchado nada del nuevo material que había grabado durante el año anterior. Pero eso estaba a punto de cambiar.

Cory Rooney, Vicepresidente de Sony Music Entertainment en aquel momento, recuerda que fue invitado al estudio para una excepcional audición con algunos colegas ejecutivos de Sony Music y Epic Records.

"Michael nos invitó al estudio para escuchar algo de su música, ya que estábamos todos allí (en Los Ángeles) para los Grammy", recuerda Rooney.

La perspectiva de escuchar aquello en lo que Jackson estaba trabajando les hizo la boca agua a los ejecutivos de la discográfica.

"Que Michael quisiera desvelar algo de su música era un gran regalo para nosotros, porque él nunca hacía algo así", explica Rooney. "Casi nunca tenías la oportunidad de escuchar el material en el que estaba trabajando".

Naturalmente, el equipo de Sony/Epic, incluido Rooney, aceptó la extraordinaria oferta de Jackson y asistieron al estudio *Marvin Room*, donde él estaba ya dispuesto a estrenar su música para ellos.

"Estábamos Tommy Mottola, John Doelp, Polly Anthony, David Glew y yo, todos los jefes de Sony Music y Epic Records", recuerda Rooney. "Así que entramos al estudio y nos puso un tema. Tan sólo *un* tema".

La canción que Jackson presentó durante la sesión de audición fue la producida por Dr. Freeze, "Break Of Dawn", un tema que finalmente sería publicado en el álbum *Invincible*, dos años y medio después.

Aunque esperaban que les presentaran más de una canción, los ejecutivos quedaron entusiasmados con lo que escucharon. Tommy Mottola en particular comentó que si el resto del disco era tan bueno como "Break Of Dawn", tenían en sus manos un álbum de éxitos garantizados.

El apetito de Mottola se abrió y quiso escuchar más. Jackson le dijo que le complacería en poco tiempo y Rooney recuerda que "Michael nos prometió que nos enviaría otra grabación unas semanas más adelante".

Durante su vuelo de regreso a Nueva York desde Los Ángeles, Mottola propuso que Rooney, que había estado logrando un enorme éxito produciendo números uno para muchos otros artistas, debería escribir y producir una canción para que la grabara Jackson. Rooney aprovechó la oportunidad, marchándose directo a trabajar desde el momento en que llegó a casa desde Los Ángeles.

"De modo que llegué, me fui a casa y escribí esta canción", recuerda Rooney. "Hice la música en mi casa, después llevé la pista musical a los Estudios de Sony para trabajar en la demo".

Cuando trabajaba en la letra, Rooney se inspiró en una conversación que había tenido recientemente con una colega colaboradora de Jackson, la prolífica compositora Carole Bayer Sager, que le animó a escribir una canción que contara una historia. "A Michael le encanta contar una historia", le dijo Bayer Sager a Rooney, de modo que llevando el consejo a la práctica, Rooney se dispuso a escribir una historia para Jackson. Esa historia se convirtió en una canción llamada "She Was Loving Me".

Rooney apenas había terminado de unir todas las piezas del tema en Sony Studios cuando Mottola lo escuchó por primera vez.

"Tommy entró al estudio con Danny DeVito", recuerda Rooney. "Es divertido. Danny estaba intrigado. Le gustaba tanto que decía: 'Ponlo otra vez, ponlo otra vez. ¡Dios mío, es increíble!'".

Mottola estaba impresionado también e insistió en que Jackson escuchara el tema lo más pronto posible.

"Tommy recibió una demo muy tosca y básica y dijo: 'Tío, es una gran canción. Se la envío a Michael ahora mismo'. Y se la dio en una fase inicial".

En principio, Rooney estaba aprensivo y preocupado porque al enviarle una demo incompleta le podría desanimar a querer grabarla.

"En realidad no creía que fuera una buena idea", recuerda Rooney, "porque si lo escuchaba en su estado inicial, podría haber volado mi oportunidad".

Mottola envió la demo de Rooney a Jackson esa noche, un jueves, y éste, que todavía estaba en Los Ángeles en ese momento, la recibió a la mañana siguiente.

"Tommy la envió un jueves, Michael la escuchó un viernes, y te lo aseguro, para el lunes ya estaba Jackson en Nueva York", recuerda Rooney. "Llamó a mi casa y dijo: 'Estoy preparado y listo para cantar la canción'. Y lo estaba. Yo estaba alucinado".

A pesar de ser ya un compositor y productor consumado y un ejecutivo discográfico, la oportunidad de trabajar con el Rey del Pop fue un honor y una lección de humildad para Rooney.

"Ya había logrado grandes éxitos en mi carrera con Mariah Carey, Jennifer Lopez, Marc Anthony, Mary J. Blige y Destiny's Child", dice Rooney. "Y de repente tienes a Michael Jackson llamándote y diciendo: 'Me gusta tu canción'. No podía creerlo".

El estudio de grabación Hit Factory, en el nº 421 Oeste de la Calle 54 de Nueva York, se convertiría en el hogar de Jackson y Rooney durante casi un mes, entre finales de marzo y mediados de abril de 1999. Durante dicho tiempo grabaron las vocales de Jackson y trabajaron más en el tema.

Rooney estaba ansioso por conocer la experiencia de

trabajar con Jackson y cómo era el proceso creativo del Rey del Pop grabando las canciones de *otros*.

"A veces, gente como Marc Anthony te dice que le gusta la canción pero quiere cambiar un verso y la melodía".

Para sorpresa de Rooney, Jackson entró al estudio y comentó que le gustaba la demo exactamente como estaba y que no quería hacer ningún cambio.

"Rebobina, rebobina. Me gusta tu fraseo en esa parte. Espera, déjame hacer eso otra vez. Quiero asegurarme de que consigo el ritmo como tú", recuerda Rooney que Jackson insistía.

"Yo estaba asombrado", cuenta Rooney. "Pensaba: '¡Esto es increíble!' Que este hombre acepte y le guste cada nota de mi canción es muy surrealista. Te emociona".

Cuando llegó el momento de poner las vocales al tema, Jackson sólo hizo una petición. Siguiendo el consejo de su entrenador vocal de toda la vida, Seth Riggs, propuso que debería grabar las vocales en dos días distintos.

"La canción "She Was Loving Me" va desde un tono muy bajo cantado (por Jackson) en las estrofas a un tono muy alto en el estribillo", explica Rooney. "De modo que son dos tipos diferentes de vocal. Era como la voz de "Billie Jean" y la de "Dirty Diana" en un solo disco".

"Era muy educado", recuerda Rooney del temperamento de Jackson. "Me decía: 'Si te parece bien me gustaría cantar las estrofas hoy porque he calentado la voz para los tonos graves. Y cantar mañana la parte de los agudos, porque cuando hago canciones y grito en ellas, como en "Dirty Diana", me gusta calentar mi voz en ese sentido'".

"Pensé que era increíble que me estuviera preguntando si me parecía bien", dice Rooney, "y pidiéndome permiso para hacerlo de esa manera cuando, ya sabes, él es Michael Jackson".

"De hecho, yo esperaba que me dijera cómo trabajaba; qué es lo que hacía y qué no, porque muchos artistas son así. Si fuera Jennifer Lopez o incluso Lindsay Lohan, estarían dándome órdenes. Pero Michael no".

Después de unos veinte minutos de vocalización y ejercicios de calentamiento vocal con Riggs, Jackson, vestido con una camisa roja y pantalones negros, se quitó las gafas de sol y entró en la cabina.

"Estaba en la cabina de grabación de *The Hit Factory* y atenuamos las luces para él, lo suficiente para que pudiera leer la hoja con la letra", recuerda Rooney.

"I meet her on the way to Chicago", canta Jackson en un tono bajo y sexy, chasqueando sus dedos al mismo tiempo.

"Sus vocales eran muy suaves y perfectas", cuenta Rooney. "Pero lo más increíble de él dentro de la cabina fue su baile. Bailaba entre cada corte. Chasqueaba los dedos. Zapateaba. Apenas podías escuchar un corte sin escuchar sus chasquidos o cómo seguía el ritmo con los pies".

"Cuando Bruce Swedien grababa a Michael, creó

para él un escenario entero. Se trataba de una plataforma para que se colocara sobre ella y que no estuviera demasiado cerca del micro; para que no estuviera en el mismo suelo que el micrófono", explica Rooney. "Pero yo no tenía una plataforma así en ese momento. En todos mis cortes, cuando reduces al máximo la música, le puedes escuchar cantar, pero también le escuchas chasquear los dedos, arrastrar al papel, golpear con los pies y el ritmo se apodera de él".

"Algunos cantantes entran y salen de la cabina de grabación. Salen y entran una y otra vez. Pero Michael se quedaba dentro hasta que terminaba el trabajo".

Cuando terminaron la primera sesión, la parte en tono bajo y las segundas voces, Jackson preguntó a Rooney a qué hora debería volver al día siguiente para grabar el estribillo.

"Le dije: 'Michael, ¿a qué hora prefieres trabajar?' y él contestó: 'Cory, eso no importa. Tú eres el productor y yo estoy aquí trabajando contigo. Tú eres el jefe, así que dime a qué hora quieres que esté aquí. Si quieres que venga a las siete de la mañana, me iré a casa, descansaré un rato y estaré aquí a las siete'. Era alucinante".

A la mañana siguiente, Jackson no se presentó. Se había puesto enfermo y no se encontraba lo suficientemente bien como para asistir a la sesión prevista.

"Normalmente, si estás trabajando con alguien como J-Lo o Mariah Carey, puedes pasarte en el estudio días enteros esperando que se presenten", dice Rooney. "Y casi nunca se les ocurre llamar para decirte que están de camino, que llegan tarde o que no van a llegar".

Michael Jackson, por su parte, no sólo fue tan amable de llamar sino que envió un paquete de regalo para expresar sus disculpas por no acudir a la sesión.

"Me envió una cesta tan grande que tuve que llamar a un servicio de transporte para que me la llevaran a casa", recuerda Rooney. "Estaba llena de DVDs, había un reproductor de DVD, una máquina de hacer palomitas, un montón de libritos sobre cine, parecidos a los comics, viejas revistas de cine sobre películas antiguas y cosas así. Estuvo genial, de verdad".

En la cesta había una nota manuscrita de Jackson.

"La nota, que aún conservo, me la envió sólo para decirme: 'Perdóname por no haber podido ir', a causa de su enfermedad".

Rooney llamó a Jackson para agradecerle el regalo y ambos terminaron charlando por teléfono durante un rato. Después, un par de días de descanso más tarde, Jackson volvió al estudio, acompañado de nuevo por su entrenador vocal, Seth Riggs.

Jackson le invitaba a cada sesión y le ayudaba a calentar su voz basándose en el tipo de sonido que intentaba lograr durante esa sesión en particular. En este caso era el estilo "rock" descarnado de la parte del estribillo.

Jackson, un verdadero profesional, clavó las vocales rápida e impecablemente.

"Se podía sentir la magia en la sala", recuerda Rooney. "Todo el mundo estaba emocionado. ¡Fue increíble!".

Una vez fueron grabadas todas las vocales, la única cosa que quedaba por hacer era revisarlas, seleccionar los mejores cortes y recopilarlos.

"Michael compiló las vocales finales él mismo", revela Rooney. "Él recopilaba su propio material. Se sentaba allí con un bolígrafo y papel e iba pasando por todos los cortes eligiendo sus favoritos. Los juntó todos. Tardó alrededor de media hora debido a que había bastantes interpretaciones del tema".

"Si vuelves a escuchar los cortes puedes escucharle decir algunas cosas e imitar instrumentos y sonidos", dice Rooney. "Incluso usamos algunas de las vocales que grabé durante sus sesiones de calentamiento vocal con Seth Riggs. Las usamos como ad-libs en medio de la canción porque sonaban fantásticas. A él le gustaron mucho".

Cuando quedó satisfecho con las vocales que había compilado, Jackson remitió a Rooney a su arreglista de confianza, Brad Buxer, para pulir las transiciones.

Buxer, un músico de talento por derecho propio, es más conocido por su contribución y participación en algunos de los temas más aclamados de Jackson, incluidos "Stranger In Moscow" y "Earth Song".

"Michael me mandó a reunirme con Brad [Buxer]", cuenta Rooney, "quien me ayudó a hacer pequeñas correcciones aquí y allá para limpiar las vocales compiladas".

Aunque el proceso de grabación no duró mucho tiempo, Jackson y Rooney pasaron casi un mes en el estudio trabajando en el tema.

"Pasamos mucho tiempo; yo diría que trabajamos durante dos semanas, haciendo ligeras modificaciones", recuerda Rooney. "Fueron dos semanas porque pasamos mucho tiempo riendo, bromeando, hablando y divirtiéndonos en el estudio. Lo alargamos sólo para divertirnos. Al final pasamos casi todo el mes de abril en el estudio maquinando y haciendo planes. Lo utilizamos como nuestro cuartel general para tener el disco bajo control".

En cierto momento durante las sesiones en *The Hit Factory*, Jackson y Rooney salieron del estudio para ver la actuación del conocido mago David Blaine, en la cual se enterraba vivo.

Blaine fue enterrado a unos dos metros bajo el suelo en un edificio de Donald Trump situado frente a la Autopista del Oeste, en el río Hudson.

"Hubo un gran despliegue y todo el mundo fue a verle", recuerda Rooney. "Podías mirar hacia abajo en el suelo y verle a través del Plexiglas. Michael estaba asombrado porque le encantaba la magia, por eso fuimos allí a verlo".

Aunque el trabajo de Rooney era producir canciones de éxito para los artistas de Sony Music, sentía que Jackson necesitaba algo más que su nombre en la cima de las listas.

Sentía que necesitaba tanto un aliado en el sello discográfico como un amigo.

"Podría haberme aprovechado de la situación, haber intentado producir seis canciones y conseguir que Michael las grabara, pero eso no me interesaba. Yo sólo quería ofrecerle en ese momento todo lo que necesitaba. Y sentía que en ese momento lo que le hacía falta era pasarlo bien y tener un amigo, en lugar de un tipo que le estuviera intentando presionar con canciones. Eso era lo que verdaderamente sentía en mi corazón. Lo pasamos muy bien".

Seis semanas antes, en el estudio *Marvin Room* de Los Ángeles, Jackson había prometido que enviaría a Tommy Mottola algo más del material en que estaba trabajando. Fiel a su palabra, poco después de acabar las sesiones de "She Was Loving Me" con Rooney, le envió otro tema.

"Yo estaba en la oficina de Mottola, hablando con él sobre algo", recuerda Rooney. "Estaba tomando el almuerzo y me dijo: 'Michael me envió otro tema. Vamos a escucharlo mientras estás aquí'. Entonces puso en marcha el CD y lo que se escuchó fue: *'Your love is magical. That's how I feel'*. Es, ya saben, la canción 'Speechless'. Era simplemente increíble. Tommy decía: 'Oh, Dios mío, ¿has escuchado esa voz? ¡*Ése* es el Michael del que hablo!' O sea, la intro sola, tan sólo con su voz, dejó boquiabierto a Tommy. Y después se deja caer con *'Speechless, speechless, that's how you make me feel'*. Le dejó totalmente asombrado".

"Speechless" fue el segundo tema del nuevo proyecto de Jackson que Mottola había escuchado. Hasta ese momento, ni siquiera había escuchado la versión de Jackson de "She Was Loving Me".

Jackson se mostraba muy protector con la música a la que ponía su voz, y aunque las vocales estaban completas, Rooney no había terminado todavía la mezcla final del tema. Fue en ese momento cuando la colaboración entre Jackson y Rodney "Darkchild" Jerkins tomó el mando.

"Me tocó a mí terminar la música para 'She Was Loving Me', mejorarla y hacerla más potente", explica Rooney. "Y perdí completamente la oportunidad de hacerlo porque quedé atrapado intentando ayudar a Rodney Jerkins con Michael".

"'She Was Loving Me' era una gran canción pero no iba a ser el primer single", explica Rooney. "No era lo que la discográfica estaba buscando. Michael quería que fuera un single en un momento determinado, pero quería algo con gran ritmo para el single principal y todavía no lo habíamos conseguido con ese tema".

Rooney creía firmemente que Jerkins era el hombre que podía ofrecer el tipo de tema que Jackson estaba buscando. Sin embargo, después de su primer encuentro en cuanto a una posible colaboración, Jackson no estaba convencido.

"No es que no tenga talento; tiene mucho talento", cuenta Rooney que dijo Jackson de Jerkins. "Pero su trabajo suena como todo lo demás que se escucha ahora mismo.

SHE WAS LOVING ME a.k.a. CHICAGO
· · · · · ·

Necesito un nuevo sonido 'Michael Jackson'… Quiero llevar a la gente a lugares donde no hayan estado jamás".

De modo que en lugar de pulir la música para "She Was Loving Me", Rooney pasó una buena parte del año siguiente cultivando la relación entre Jerkins, su equipo "Darkchild" de composición y producción, y Jackson.

Para señalarle la dirección correcta, Rooney recordó a Jerkins el valioso consejo que le había ofrecido previamente a él Sager: "Cuenta una historia".

Y llevando ese consejo a la práctica, Jerkins y su equipo escribieron historias con un fondo rítmico para Jackson. El resultado incluía canciones como "You Rock My World" (el primero de los temas que "Darkchild" grabó para Jackson en 1999 y que finalmente sería el primer single del álbum *Invincible* dos años después), "Unbreakable" (el preferido personalmente por Jackson como primer sencillo), "Heartbreaker", "Privacy" y "Threatened", entre otros.

"Antes de darse cuenta, el disco estuvo hecho", recuerda Rooney. Entonces Michael y Tommy (Mottola) empezaron a discutir. Y como todo el mundo sabe que yo trabajaba muy estrechamente con Tommy, la gente empezó a estropear las cosas entre nosotros".

"A Mottola le gustaba jugar ciertos jueguecitos", recuerda Rooney. "Me apartó del proyecto de MJ y empezó un álbum con Jennifer Lopez, otro con Marc Anthony y otro con Jessica Simpson, todos al mismo tiempo. Yo estaba tan atrapado en todos ellos que el barco *Invincible* empezó a navegar y no pude multiplicarme para terminar 'She Was Loving Me' para Michael".

Para cuando *Invincible* tenía previsto salir, a final de octubre de 2001, las cosas se habían echado completamente a perder entre Jackson y Sony Music.

Las ideas de Jackson, incluido un cortometraje para "Unbreakable", estaban siendo ignoradas y la publicidad para el disco mantenida al mínimo. Sony, supuestamente, rechazó comprar un espacio publicitario para promocionar *Invincible* durante el programa de CBS, *Michael Jackson. Concierto de Celebración del 30º Aniversario*, un programa especial de dos horas de duración transmitido a final de noviembre de 2001 que fue visto por, aproximadamente, 26 millones de americanos, y durante el cual Jackson interpretó su single recientemente publicado, "You Rock My World" junto con una selección de sus grandes éxitos, incluidos "Billie Jean", "The Way You Make Me Feel" y un popurrí de clásicos de The Jackson 5 y The Jacksons, como parte de la histórica reunión en el escenario con sus hermanos.

Más adelante, Jackson acusó a Sony Music, concretamente a su presidente, Tommy Mottola, de sabotear las ventas de su álbum *Invincible*, de conspirar contra los artistas de la discográfica y de ser un racista, entre otras cosas. Y a causa de la estrecha relación laboral de Rooney con Mottola, empezaron a rodar toda clase de rumores, incluida una acusación de que Rooney estaba actuando como "espía" personal de Mottola.

Tales rumores eran completamente falsos. Rooney cuenta que Jackson le suplicó que no dejara que ni los medios ni los ejecutivos de las discográficas con malas intenciones arruinaran su amistad.

"Michael se acercó a mí personalmente y me dijo: 'Cory, no dejes que esta gente haga con nosotros y nuestra amistad lo que hacen con todos los demás'", recuerda Rooney, manteniendo que se veía a sí mismo quizás como el único aliado verdadero de Jackson en la discográfica.

"La última vez que hablé con él fue unos ocho meses antes de su fallecimiento", dice Rooney. "Hablamos sobre el tema y nos reímos y bromeamos sobre un par de cosas. Me dijo que estaba en Las Vegas y que estaba yendo y viniendo. Le dije que iba a estar en Las Vegas en un cierto momento y que esperaba poder verle cuando llegara. Pero al final, nunca fui a Las Vegas".

"En esa última conversación hablamos de usar 'She Was Loving Me' para su siguiente proyecto", revela Rooney. "Hablaba de estar en una posición en la que iba a empezar nuevas canciones y cosas así. Dijo: 'Este disco es muy bueno, tenemos que pensar algo bueno que hacer con él'".

Desafortunadamente, Michael Jackson nunca tuvo la oportunidad de escuchar "She Was Loving Me" en su fase final. Después de su muerte, Rooney, con la ayuda de su sobrino, Taryll Jackson, finalizó el tema, lo transformó de una tranquila canción de R&B estilo "Liberian Girl", en un himno rock duro.

"La versión en la que Taryll y yo volvimos a trabajar es mejor, en mi opinión", dice Rooney. "Es más fuerte. Yo hice la original; la versión original hace 15 años. Era una sensación diferente y pasaba algo diferente en ella entonces. Pero Michael y yo habíamos planeado siempre volver a trabajar en ella y convertirla en lo que es la versión de Taryll Jackson".

Jackson ofrece unas poderosas y emotivas vocales en la canción, repletas de dolor y frustración. La letra cuenta ligeramente la historia íntima de un encuentro entre Jackson y una mujer que él pensaba que estaba comprometida sólo con él, antes de desencadenarse un grito de furia en el estribillo cuando se da cuenta de que la mujer en realidad lleva una doble vida, con un marido e hijos en casa.

"She Was Loving Me" fue finalmente incluida en el álbum *Xscape* de 2014 con el subtítulo de "Chicago", lo que inicialmente causó confusión entre los fans de Jackson de todo el mundo.

Epic Records, que publicó el tema, se tomó la libertad de renombrarla "Chicago" para el álbum, un título que ni Jackson ni Rooney habían usado nunca cuando se referían a la canción. De hecho, Rooney había incluso registrado la canción legalmente en BMI con el título "She Was Loving Me".

Rooney, sin embargo, recuerda la fascinación de Jackson por la decisión de usar Chicago como la ciudad en la que el hombre conoce a la mujer de la canción.

"¿Por qué elegiste Chicago?", preguntó Jackson a Rooney durante una de sus sesiones de grabación en *The Hit Factory*, en 1999.

"Porque suena mejor que ninguna otra ciudad", respondió Rooney. "Te lo demostraré. Intenta cantar ese verso con cualquier otra ciudad en lugar de Chicago. No suena bien".

Y así, por pura diversión, Jackson intentó cantar el verso *"I met her on the way to Chicago"* con otras ciudades en lugar de Chicago.

"I met her on the way to San Francisco… *I met her on the way to* New York… *I met her on the way to* Los Ángeles", cantaba Jackson riendo.

"¿Lo ves?, Te lo dije", reía Rooney.

"Chicago es la única ciudad que funciona", dice Rooney.

"Pero la canción nunca se tituló 'Chicago'. Nunca jamás. Siempre se ha llamado 'She Was Loving Me'".

Loving You

"Unas veces sucede rápidamente y otras más despacio", dice Michael Jackson respecto al modo en que el proceso creativo difiere en cada canción.

Algunas de sus canciones tienen historias largas y fascinantes detrás de ellas. No es un secreto que Jackson pasaba años, a veces incluso décadas, elaborando sus obras maestras. Ni una sola nota, letra, acorde o matiz escapaba de su perfeccionismo visionario. Una simple canción podía ser estudiada cuidadosamente álbum tras álbum. Modificada, embellecida y perfeccionada.

"Loving You", sin embargo, no es una de esas canciones.

Jackson escribió esta dulce balada a mediados de los años 80, y grabó la demo en *Red Wing Studio*, un modesto estudio de grabación en San Fernando Valley, en el cual Jackson desarrolló muchas ideas durante esos años, incluida una primera versión de "We Are The World" alrededor de un año antes de que comenzaran las sesiones del álbum *Bad* en *Westlake Recording Studios*, en West Hollywood.

"A Michael le gustaban los estudios pequeños porque le daban la oportunidad de elaborar sus ideas en privado y de crear una demo adecuada antes de enseñársela a Quincy [Jones]", recuerda el antiguo ingeniero de grabación de Jackson, Matt Forger, que trabajó en el tema.

"Aparece como un pensamiento; tan sólo como el germen de un pensamiento o una idea", explica Jackson acerca de cómo se le presentaban las canciones a menudo. "Podría ser sólo una breve idea. Después colaboras con alguien y dices: 'quiero hacer esto o aquello'".

En el caso de "Loving You", Jackson confió en su socio colaborador y músico, John Barnes, para que le ayudara a cristalizar la idea usando el *Synclavier System*; un antiguo sintetizador digital, una consola musical y equipo polifónico digital de muestreo. El famoso sonido de *gong* al principio de "Beat It", así como los latidos de Jackson usados en la intro de "Smooth Criminal", son conocidos por haber sido creados con la ayuda de un Synclavier.

"John Barnes tocó [los instrumentos y sonidos] en este tema. John es un músico teclista muy versátil y con gran talento que puede tocar muchos instrumentos, incluido el piano,

LOVING YOU
······

la batería, cuerdas y vientos. Michael trabajó mucho con John en aquella época", recuerda Forger. "Un día llegó Michael al estudio de Hayvenhurst (un estudio privado en la casa de Jackson de Encino, California), me pidió que lo mezclara y me dio el multi-track".

Cuando se estaba rodando el documental que acompañó a la edición de lujo del álbum *Xscape* en 2014, el presidente de Epic Records, L.A. Reid, y el productor Timbaland escucharon la demo original de "Loving You", firmada por Jackson/Barnes/Forger y escucharon al principio del tema lo que creían que era el sonido de una cinta dañada desde hacía treinta años.

"¿Escuchas la distorsión de la cinta?", preguntó Timbaland a Reid. "Es un sonido genial. Me gusta".

La "distorsión", sin embargo, no era debida en absoluto a una cinta dañada ni antigua.

"La hice con el Synclavier", explica Barnes sobre ese sonido inusual. "Nos volvíamos locos entonces. Nos inventábamos todos esos raros y extraños sonidos; miles y miles de ellos, muestras. No te conformas simplemente con la primera idea. Tienes que agotar la imaginación para conseguir grabar las mejores ideas en la cinta. Creamos una biblioteca de sonidos para Michael y usábamos los sonidos que a él le gustaban".

"Michael siempre estaba buscando, y para él terminaba siendo un proceso sin fin", recuerda Barnes. "No sólo en la composición de la música y en crearla sin descanso, sino también en plantear maneras de hacerla única, diferente y especial".

"Él llegaba y decía: 'Quiero intentar crear un sonido nuevo'. Y no se trataba en absoluto de algo como: 'vaya, no sabemos qué vamos a hacer hoy'. Era más bien algo así como: 'ahora vamos a seguir este camino y nos vamos a divertir'", añade Forger. "Decía: 'Estoy buscando algo especial'. Buscaba en su mente alguna característica especial del sonido que sabía que no había escuchado antes. Y cuando la encontraba, decía: 'Ese es el sonido. Ok, vamos a coger el micrófono y vamos a capturar el sonido exactamente así'".

Mientras que en muchas ocasiones Jackson escuchaba los sonidos que quería en su cabeza, los dictaba oralmente y hacía que otros los interpretaran para él usando instrumentos o tecnología, otras veces escuchaba un sonido, un estilo o una *cualidad* en la música de otros que quería incorporar a la suya propia.

Un buen ejemplo de uno de esos sonidos que Jackson identificó, y *tenía* que tener, ocurrió en 1985, en la misma época durante la cual estaba trabajando en "Loving You" con Barnes.

"Emergencia", escribe Jackson en tinta roja, subrayando y acentuando su importancia, en una nota manuscrita con fecha de 5 de marzo de 1985. "Por favor", continúa en tinta azul, "debes encontrar al chico que tocaba la guitarra en el disco 'Dance Floor' (publicado en 1982) del grupo Zapp. Los créditos del disco te dirán su nombre. No importa donde esté, ¡encuéntralo! M.J.".

La persona que Jackson estaba buscando era el fundador del grupo Zapp, Roger Troutman, un talentoso compositor, músico y productor famoso por usar el *Electro-Harmonix "Golden Throat" talk-box*.

Jackson consiguió su deseo casi inmediatamente, siendo Troutman localizado e invitado a trabajar con él en su estudio de Hayvenhurst.

Dos años después de aquellas sesiones, Jackson publicó su álbum *Bad* en el que Troutman recibía un "gracias" en los agradecimientos, provocando décadas de especulaciones acerca del tema (o temas) en los que había contribuido, si es que lo había hecho en alguno.

De hecho, las 'gracias' a Troutman en *Bad*, igual que las atribuidas a Rod Temperton, fueron principalmente por trabajo concretado en música que *no* fue seleccionada para el álbum.

"Trabajó con Michael en una canción llamada 'Tomboy', revela Barnes, que también trabajó en el tema inédito.

"Tomboy" es una clásica colaboración de los 80 entre Jackson y Barnes, completada con sintetizador de batería, preciosas cuerdas, un excelente *riff* de guitarra y un *slap bass* con reminiscencias de la banda sonora de *Capitán Eo*. La canción también tiene un sutil *"ba-da-ba-da-bah-bah"*, una melodía casi idéntica al *"I bet you remember"* de "Remember The Time", publicado en el álbum *Dangerous* seis años después.

"Roger tocó bien [en "Tomboy"], pero la canción sólo estaba *bien*, en mi opinión. A Michael le gustaba, pero no estaba a la altura si se comparaba con la demás música disponible para *Bad*".

Finalmente, "Loving You" corrió la misma suerte que "Tomboy", manteniéndose inédita en vida de Jackson.

De "Loving You", Forger recuerda que era "simplemente una maravillosa y alegre declaración de amor y de vida, algo muy típico de Michael, tal como eran su actitud y ánimo en aquella época".

"Era una buena canción, pero no fue seriamente considerada para las sesiones de *Bad*", añade Forger. "Era una de tantas canciones –como 'Free', 'I'm So Blue' y 'What You Do To Me'- que fueron grabadas, guardadas y nunca se volvieron a revisar".

"Nunca volvimos a pensar en 'Loving You' después de hacerla", dice Barnes. "Es una canción muy bonita de Michael Jackson. En realidad suena como una canción que Michael podría haber escrito para Disney –una pequeña y linda melodía- pero no está al nivel de excelencia que él se esmeraba en alcanzar para su música. No era genial. Hay muchas canciones como esta en la caja fuerte".

A Place With No Name

El 7 de septiembre de 1996, Michael Jackson comenzó en el *Letna Park* de Praga, República Checa, su Gira Mundial *HIStory*. La gira, que batió records mundiales, fue una agotadora travesía de 82 conciertos a lo largo del planeta durante la cual Jackson actuó frente a 4,5 millones de fans en treinta y cinco países y en cinco continentes, finalizó trece meses más tarde, el 15 de octubre de 1997, en el *Kings Park Stadium* de Durban, Suráfrica.

Durante un descanso de cinco meses entre la primera y la segunda etapa de la gira, el sello discográfico de Jackson, Sony Music, publicó *Blood On The Dance Floor: HIStory in the Mix*, una compilación que incluía cinco "nuevas" canciones (dos de las cuales ya habían sido publicadas seis meses antes como parte de la película de 40 minutos de duración,

Ghosts) y ocho remixes de temas incluidos en el álbum de 1995, *HIStory*. Jackson personalmente expresó su insatisfacción con los remixes del álbum diciendo: "Lo menos que puedo decir es que no me gustan. No me gusta que lleguen y cambien mis canciones completamente, pero Sony dice que a los jóvenes les encantan los remixes".

Además, el hecho de que sólo tres de las canciones de *Blood On The Dance Floor* –"Morphine", "Superfly Sister" y la que da título al disco- no habían sido escuchadas antes, dejó a los fans hambrientos de más música nueva del Rey del Pop.

Por eso, poco después de finalizar la gira, Jackson dirigió su atención hacia su siguiente álbum de larga duración, volviendo al estudio de grabación para trabajar en nuevas ideas con su equipo de fieles colaboradores.

Como era costumbre cuando se grababa un nuevo álbum, Jackson invitó también a incorporarse al equipo a una serie de personas *nuevas*, con quienes aún no había trabajado, para ver qué novedades podían aportar. Una de esas nuevas personas era el cantante, compositor y productor Elliot Straite (a.k.a. "Dr. Freeze") más conocido por su estilo New Jack Swing y por haber co-escrito el éxito de la banda de R&B juvenil *Color Me Badd*, "I Wanna Sex You Up".

"Yo conocía a su manager [de Jackson], John McClain, y estaba trabajando en un disco con mi colega Spydermann", recuerda Freeze. "Después de completar el álbum las cosas no resultaron como se había planeado y tuvimos que cancelar el proyecto. Yo estaba muy enfadado. Y entonces John McClain me dijo: 'No te preocupes, Freeze. Tengo otro proyecto para ti. Vas a estar en el negocio con Michael'. Le dije: '¿Michael quién?' Y contestó: '¡Michael Jackson!'".

Lo primero que pensó Freeze es que McClain estaba loco, sin creerse que Michael Jackson querría *de verdad* trabajar con él. Pero un día, cuando Freeze estaba hablando con su padre por teléfono, le llamó alguien por la otra línea. Freeze mantuvo a su padre a la espera y atendió la otra llamada. Era Jackson.

Poco después de su presentación inicial por teléfono, Freeze empezó a preparar una colección de canciones para enseñar a Jackson. Cuando las tuvo listas, empezaron a trabajar en las que más le gustaron.

"Le presenté muchas canciones", dice Freeze. "Las principales en las que trabajamos fueron 'Break Of Dawn', 'A Place With No Name' y 'Blue Gangsta'. Esas tres canciones fueron nuestra prioridad. Él las adoraba".

Aunque ya era un consumado artista por derecho propio, y completamente capaz de arreglárselas por su cuenta en un estudio de grabación, Freeze, como la mayoría de los que conocían a Jackson por primera vez, se sentía intimidado por la experiencia.

"Fue una prueba aterradora para mí", recuerda Freeze. "Me sentía como si estuviera de vuelta en la escuela primaria, como si no supiera nada sobre producción. Con Michael lo volví a aprender todo. Los demás productores y yo éramos [como] estudiantes frente a su profesor. Con Michael era como si no supiéramos nada sobre el negocio; tuvimos que empezar de nuevo y volver a aprenderlo todo. Nos enseñó a hacerlo todo de la mejor manera posible. Michael era un perfeccionista... Yo estaba muy nervioso. Muy nervioso pero muy honrado. Él lo sabía todo acerca de la industria musical; todo de todo. Nada le era ajeno y me enseñó muchas cosas".

"Michael y yo tenemos facilidad para la melodía", continúa Freeze. "De modo que cada vez que le proponía algo era fácil para él estudiarlo, porque era como si ya lo supiera. Le ofrecí algunas canciones que le encantaron. Las apreció. Compuse toda la música y él sólo tuvo que aprender la letra".

"'A Place With No Name' es una especie de escapada. Una canción en la que cierras los ojos para encontrarte instantáneamente transportado a un mundo maravilloso", dice Freeze. "Esta canción es muy cinematográfica. Podría haber sido una canción perfecta para una película como *Avatar*, porque nos revela un mundo maravilloso donde la gente es diferente, pero feliz. Es como una evasión de la vida diaria".

"La canción fue inspirada por 'A Horse With No Name', del grupo *America*", explica Freeze. "La letra es muy profunda. Quise actualizarla y hacer una versión para el nuevo milenio".

"Michael conocía a los chicos de *America*", recuerda el ingeniero de grabación de Jackson, Michael Prince, "así que los llamó para preguntarles si podía usar el sampleo de 'A Horse With No Name' y contestaron que sí".

"A *America* le encantó la idea", dice Freeze. "Encontraron esta actualización absolutamente genial. Estaban muy contentos con el proyecto".

Esta no fue la primera vez que Jackson tomaba la canción de otro y la versionaba o transformaba para un proyecto propio. Interpretó una versión rock del éxito de 1969 de *The Beatles*, "Comme Together" en su película de 1988, *Moonwalker*, posteriormente incluido como cara B en su single de 1992, "Remember The Time", y de nuevo, en su álbum *HIStory* de 1995. Éste álbum también presenta una impresionante interpretación de "Smile", compuesta originalmente como tema instrumental por Charlie Chaplin para su película de 1936, *Tiempos Modernos*, y después grabada por Nat King Cole en 1954, con letra escrita para la ocasión por John Turner y Geoffrey Parsons.

La versión de 1998 del Rey del Pop, "A Horse With No Name", no fue tampoco la primera (ni la última) canción inspirada en la música de *America* grabada por un Jackson. En 1985, la hermana de Michael Jackson, Janet, estaba trabajando en el siguiente álbum después de *Dream Street*, publicado el año anterior. Janet había contratado recientemente a John McClain como manager, y él llevó a bordo al dúo de productores con base en Minneapolis, Jimmy Jam y Terry Lewis, para ayudarle a producir el álbum que finalmente se llamó *Control* y fue publicado en 1986. Uno de los primeros temas que Jam y Lewis firmaron para el álbum fue "Let's Wait Awhile", que tiene notables similitudes con el éxito de 1975 de *America*, "Daisy Jane", aunque no se acreditó al grupo como co-autores. Quince años más tarde, Jam y Lewis firmaron otro tema inspirado en una canción de *America* llamado "Someone to Call My Lover", publicado como parte del disco de Janet de 2001, *All For You*. "Someone to Call My Lover" samplea directamente el riff de guitarra escrito por Dewey Bunnell para el tema de 1972 de *America*, "Ventura Highway".

Bunnell recuerda que la inspiración para "Ventura Highway" surgió al descubrir su hermano y su padre y él un pinchazo durante un viaje familiar muchos años antes. "Era 1963, cuando estaba en sexto curso", recuerda Bunnell. "Tuvimos un pinchazo, paramos a un lado de la carretera y yo me quedé mirando fijamente esa señal de tráfico que decía 'Ventura', y eso se me quedó clavado".

En lo que se puede suponer sólo como una gran coincidencia, treinta y cinco años después del pinchazo de la familia Bunnell, Dr. Freeze soñó exactamente el mismo escenario para "A Place With No Name" de Jackson, escribiendo: *"As I drove across on the highway… I notice I got a flat"*, en los primeros versos de la canción.

"A Place With No Name" fue trabajada en primer lugar en *Record Plant Recording Studios* de Los Ángeles, en agosto de 1998. En aquel momento, CJ deVillar estaba ayu-

A PLACE WITH NO NAME
· · · · · ·

dando a Freeze en la parte de ingeniería mientras colaboraba con Jackson. Durante una sesión de grabación, Freeze mencionó a deVillar que quería tener una parte de bajo de guitarra para el tema. DeVillar, un bajista de gran talento además, le dijo a Freeze que él sabía tocar y le encantaría intentar hacer algo para él.

Antes de añadir el bajo, Jackson grabó una vocal básica para el tema con deVillar y el ingeniero Eddie Delena, para quien deVillar estuvo trabajando inicialmente como segundo ingeniero. Una vez fue grabada la vocal básica, y Freeze estuvo listo, se pudo añadir el bajo.

DeVillar insistió en que él y Freeze debían esperar a que Jackson dejara el estudio antes de entrar en la cabina para grabar el bajo, porque no quería poner en peligro su posición como ingeniero al ser pillado tocando algo que Jackson no había pedido.

"Michael normalmente se iba a la misma hora cada noche", recuerda deVillar, "así que esperamos a que se marchara antes de ponerme a tocar. La razón por la que no quería que Michael me viera tocando era por si acaso no entendía que yo también soy bajista. Temía que me viera y se preguntara por qué un ingeniero estaba tonteando con su canción. No quería ser despedido".

Fue un martes por la tarde del 25 de agosto de 1998 cuando deVillar finalmente grabó la parte del bajo en *Record Plant*. Y fue esa noche cuando su peor pesadilla se convirtió en realidad, al pillarle Jackson in fraganti casi inmediatamente después de enchufar su guitarra.

"Vi a Mike aparecer por el estudio a través del cristal justo cuando había empezado a tocar", recuerda deVillar. "Pensé: '¡Oh Dios!' Pero cuando entró y escuchó lo que estaba tocando se puso muy contento".

Jackson preguntó a deVillar qué estaban haciendo él y Freeze, a lo que deVillar contestó avergonzado: "Tocando un poco el bajo, Mike".

Jackson quiso escuchar un poco más de lo que estaban tocando y preguntó si habían grabado algo.

"Um... no, Mike", dijo deVillar. "Sólo estoy intentado encontrar la onda".

Jackson alentó a deVillar a seguir tocando y a Freeze a grabarlo todo, que es exactamente lo que hicieron. A Jackson le gustó tanto lo que escuchó que entró en la cabina y empezó a animarse con deVillar.

"Tenía a Michael delante de mi cara y subió el volumen de los altavoces *muy alto*", recuerda deVillar. "Estaba escuchando su voz y él estaba bailando, haciendo *popping and locking*. Conseguí una inmersión total en Michael Jackson. Fue como si me hubieran golpeado, como si una extraña especie de energía se estuviera canalizando. Fue algo así como una bendición musical por la que su aura y su energía acabaron en mi espacio. Y así fue creada esa línea de bajo".

"No habría sucedido si él no hubiera estado allí, delante de mí. Bailando, haciendo muecas, alentándome, tocando al aire la guitarra, asintiendo mientras yo estaba tocando y yo absorbiendo su respuesta positiva como si él fuera un fan entre el público. Era como un concierto en directo y él produciendo allí mismo en el escenario. Seguía diciendo: '¡Oh sí, CJ! eso estuvo *apestoso (stinky)*. ¡Hazme daño! *(Hurt me!)*'. Su entusiasmo me inspiraba. Era hipnótico, y Freeze quería que el tema lo fuera".

"Toqué un total de cinco o seis veces y la última fue una pista con un ritmo sólido, de modo que no hicieron falta muchas ideas para conseguir enseguida una canción agradable al oído", explica deVillar. "Después de unas cuantas escuchas a volumen muy alto, armé rápidamente una mezcla básica y la grabé en una cinta para que él la escuchara. Me lo agradeció amablemente de nuevo y se marchó a casa. Lo pasé muy bien grabando con Michael y Freeze. Fue una demostración gráfica de la incesante energía musical de Michael".

"La sesión entera no duró más de treinta minutos y me proporcionó un nivel de respeto completamente nuevo hacia Michael".

Al día siguiente, Jackson regresó a *Record Plant Recording Studios* listo para grabar las segundas voces y los *"na nas"* con Freeze. Aunque la mayoría de los coros del tema pertenecen a Freeze, hay algunas ocasiones en las que ambos grabaron en armonía, siendo sus vocales unidas a la perfección por los ingenieros.

XSCAPE ORIGINS
· · · · · ·

Después de casi una semana modificando y editando el mix básico de "A Place With No Name" –que en ese momento duraba exactamente ocho minutos y constaba de cuarenta y ocho pistas, incluidas congas, efectos de viento, shakers, palmas, el sampleo de guitarra de la versión original de la canción de *America* y por supuesto, el bajo en directo de deVillar- Jackson estaba preparado para grabar las vocales principales. La sesión dirigida por el ingeniero Eddie Delena con la ayuda de deVillar, tuvo lugar en *Record Plant Recording Studios* el ocho de septiembre de 1998.

Record Plant tiene unas seis salas de estudio, dos de las cuales estuvieron reservadas por el equipo de Jackson de forma intermitente a lo largo de la segunda mitad de 1998. Eso significaba que cuando Jackson estaba allí tenía muy poca privacidad, con innumerables artistas entrando y saliendo de las otras cuatro salas. Debido a eso, las rituales sesiones de calentamiento vocal que hacía Jackson con Seth Riggs, tenían lugar *antes* de llegar al estudio de grabación.

"Nunca le vimos hacer sus ejercicios vocales delante de nosotros", recuerda Dr. Freeze. "Cuando entraba al estudio a grabar se ponía delante del micrófono y prendía fuego a la canción. Cuando se marchaba, el estudio quedaba hecho cenizas y nuestras mandíbulas en el suelo. Era realmente impresionante de ver".

"Cantaba muy bien", coincide deVillar. "Cuando estaba en la cabina, surgía la magia. Yo tenía que contener la emoción, porque me siento músico más que ingeniero. Cuando Michael cantaba había veces que alcanzaba esas notas que me hacían saltar de la silla diciendo: '¡Oh Dios mío!' y tenía que detenerme porque era el ingeniero y no podía saltar de mi asiento, pero lo hice algunas veces".

"El fuego que salía de este hombre era impresionante. Y salía así todo el tiempo. Era poderoso. Mágico. Parecía como si estuviera canalizando energía cuando cantaba. Daba miedo a veces. Agarraba el micrófono con sus dos manos y rugía metiéndose en situación. Cuando acababa una parte se alejaba de él, se sentaba y se calmaba. Y a veces yo esperaba unos veinte o treinta segundos hasta que volvía a recobrar la compostura. Estaba reuniendo energía, expandiendo su cuerpo y entonces, ¡bam! se dejaba llevar. Después se relajaba, se recomponía, se concentraba en sí mismo unos cinco segundos y hacíamos otro corte. Se concentraba mucho en cada parte, había mucha fuerza detrás de cada corte".

Las vocales de Jackson fueron grabadas usando un micrófono Neumann M149. Otras vocales principales adicionales fueron grabadas el 16 de octubre de 1998 por Mike Ging en el estudio de *Ocean Way*, conocido como *Record One*. Al día siguiente, el 17 de octubre, Ging trabajó en una nueva mezcla. Desde ahí en adelante, "A Place With No Name" dio numerosos saltos de estudio.

"Fue algo así como una puesta en común en aquellos días", recuerda Michael Prince, que iba rebotando desde la sala de Brad Buxer hasta la de Dr. Freeze. "En un determinado momento, acabamos en *Marvin Room*. Después nos trasladamos a *Record Plant* y después volvimos a *Record One* de nuevo".

"Habitualmente, yo estaba trabajando en la mayoría de las canciones que Brad [Buxer] y Michael [Jackson] estaban componiendo", recuerda Prince. "Estábamos ocupados con unas cinco o seis canciones, dos de las cuales –"Speechless" y "The Lost Children"- entraron en el álbum *Invincible*".

El 21 de febrero de 1999, en *Record One* -seis meses después de empezar el proyecto- Jackson, Freeze, Prince, Buxer y Ging retomaron "A Place With No Name", haciendo nuevas y pequeñas modificaciones.

"Estábamos muy contentos en *Record One* y allí fue donde hicimos la mayor parte de nuestro trabajo", recuerda Prince. "Entonces fue cuando Rodney Jerkins se unió al equipo. Rodney, Fred Jerkins y LaShawn Daniels estuvieron allí al menos durante el último mes que pasamos en *Record One*".

A finales de marzo de 1999, Jackson voló a Nueva York para trabajar en *The Hit Factory* con Cory Rooney en "She Was Loving Me".

Después de terminar las sesiones de "She Was Loving Me" un mes más tarde, Jackson decidió trasladar una selección de su equipo de producción de Los Ángeles –excepto deVillar y Ging, para su decepción- desde *Record One* a *The Hit Factory*.

"Tardamos varios días en hacer copias de todas las cintas y discos duros y etiquetarlos", recuerda Prince. "Después todo fue enviado a *The Hit Factory* en Nueva York y pasamos meses allí".

El ingeniero de *The Hit Factory*, Paul J. Falcone, trabajó en una de las mezclas de "A Place With No Name" a primeros de mayo de 1999. Sin embargo, después de que Falcone completara su mezcla, la canción fue pospuesta, igual que la de Rooney, "She Was Loving Me" y la de Freeze, "Blue Gangsta", la última de las cuales fue trabajada al mismo tiempo que "A Place With No Name". A mediados de 1999, Jackson, según parece, había descartado a muchos de sus anteriores colaboradores para centrarse en trabajar con Rodney Jerkins, que también había hecho lo mismo.

Años después, en enero de 2004, "A Place With No Name" fue retomada de nuevo una vez más. Jackson había pedido escucharla y se hicieron algunas modificaciones menores en el estudio de su hogar en Neverland Ranch.

"Ha ido mejorando gradualmente", explica Freeze. "Fue un trabajo progresivo. Él escuchaba las diferentes mezclas y cambiaba algunos detalles aquí y allá. Tenía pleno control creativo. Quería que la canción fuera perfecta. Era un poco como un director tratando de mejorar su película cambiando el guión o a los actores. Este tipo de proceso era el que se usaba para crear esta canción y en general todo *Invincible*. Lo que más le interesaba era tener números uno".

La afirmación de Freeze acerca de que Michael quería tener éxitos ha sido repetida a lo largo de los años, incluyendo al productor RedOne y al mismo Jackson.

"Michael siempre se ha centrado en obtener éxitos", dice RedOne, que pasó un tiempo trabajando con Jackson entre 2008 y 2009. "Siempre grababa muchas canciones y seleccionaba las mejores entre ellas. Esa es su fórmula, la que me gusta a mí".

"Tchaikovsky ha sido mi mayor influencia", revela Jackson. "Si escuchas un álbum como *La Suite del Cascanueces,* cada tema es un número uno; cada uno de ellos... La gente solía hacer un álbum en el que podías tener una buena canción y el resto eran caras B. Les llamaban 'álbum de canciones', y yo me pregunto: '¿Por qué no puede ser cada una de ellas un éxito? ¿por qué no puede ser cada canción tan grande que la gente quiera comprarla si la publicas como single?', de modo que siempre me he esforzado en ese sentido. Esa era la idea central, en la que trabajé seriamente".

Aparte de esos cambios y modificaciones menores en 2004, "A Place With No Name" fue postergada de nuevo hasta ser resucitada a mediados de 2008, justo un año antes del fallecimiento de Jackson.

"Michael tenía canciones favoritas, o canciones que estaban en progreso", explica Prince. "Cuando Neff-U (otro productor que se llama en realidad Theron Feemster, con quien Jackson trabajó durante los años finales de su vida) sustituyó

A PLACE WITH NO NAME

a Brad [Buxer] -cuando éste empezó a trabajar como piloto de nuevo en 2008- Michael volvió a sacar algunas canciones, incluida "A Place With No Name", y dijo: 'Toma, trabaja en esta canción. Mira a ver qué te puedes inventar para esta canción'. Las vocales seguían siendo las mismas, pero Neff-U les añadió nueva música".

"Neff-U había trabajado inicialmente con Michael, Brad Buxer y conmigo mucho antes de 2008", continúa Prince. "Primero fue a casa de Brad unos años antes y trabajó en algunas cosas que nunca salieron, como 'Hot Fun In The Summertime', la canción de 1969 de *Sly and the Family Stone*. MJ sólo cantó un poco en esa. Estaban probando un puñado de temas. Neff-U tiene mucho talento".

La versión original de "A Place With No Name" que aparece en el álbum *Xscape* es una de las versiones finales que Michael escuchó durante aquellas sesiones de grabación de 2008.

"Comparada con la versión de 2004, se pueden escuchar las baterías diferentes. Tiene un patrón de golpeo distinto, un tambor un poco más fuerte y los *'na nas'* están copiados para repetirse hasta ir desvaneciéndose", observa Prince, que hizo personalmente el *loop* (bucle) de los *"na nas"* a petición de Jackson.

Sin embargo, un elemento del tema que Jackson nunca cambió fue la parte del bajo de CJ deVillar.

"El crédito por el bajo es el momento culminante de

mi carrera", dice deVillar, "porque nadie me dijo qué tocar. Michael sólo dijo que quería escuchar algo en directo y toqué. Michael usó ese bajo, lo hizo parte de su repertorio y lo conservó en el tema durante la década siguiente. Nunca hizo que lo repitieran. Nunca lo quitó. Lo mantuvo durante unos diez años. ¿Cómo es posible que consiguiera tener ese privilegio? Estoy loco de alegría sólo de pensarlo".

Los cambios de mediados de 2008 fueron todos hechos en el estudio de su casa alquilada de Las Vegas, el nº 2710 de la calle Palomino Lane. Por pura casualidad, Freeze visitó a Jackson en el estudio de su casa en Las Vegas poco antes de que éste se mudara a Los Ángeles. Ambos se habían reunido para hablar del siguiente capítulo musical de Jackson.

"Estuve en su estudio con él poco antes de su fallecimiento", recuerda Freeze. "Para ser precisos, recuerdo ir a verle a su residencia en Las Vegas y había un estudio allí. No se grabó nada. Sólo estuvimos pensando ideas. Íbamos a empezar las sesiones de grabación. Le ofrecí unas pocas canciones que había escrito especialmente para él".

"A él le gustaron mucho [las canciones]", dice Freeze. "Esa fue nuestra última charla. Él me dijo 'te quiero' y eso es todo, se acabó. Quiso guardarlas [las canciones], pero murió".

En los días que siguieron a la muerte de Jackson, se filtró en Internet un trozo de "A Place With No Name", a través de la web de cotilleos de famosos *TMZ.com*.

La canción fue rápidamente identificada como un remake de "A Horse With No Name", de *America*, provocando un comentario del grupo sobre la versión de Jackson, once años después de que contactara por primera vez con ellos para pedirles permiso para hacer el tema.

"Nos sentimos honrados de que Michael Jackson decidiera grabarlo y estamos impresionados por la calidad del tema", dijeron los miembros del grupo, Dewey Bunnell y Gerry Beckley, en un comunicado conjunto.

"También esperamos que sea publicado pronto para que los oyentes de todo el mundo puedan escuchar la canción entera y puedan comprobar nuevamente la brillantez incomparable de Michael Jackson", añadieron Bunnell y Beckley. "Realmente le hizo justicia y esperamos de verdad que sus fans, y los nuestros, puedan escucharlo entero. Es verdaderamente conmovedor".

XSCAPE ORIGINS

· · · · · ·

Slave to the Rhythm

Michael Jackson es ampliamente reconocido por ser el artista más premiado de la historia de la música, habiendo recibido más galardones y honores que ninguno de sus colegas. De manera que cuando BMI (Broadcast Music Inc.) le entregó el primer *Michael Jackson Award* de la historia en el Hotel Beverly Wilshire de Beverly Hills, el 8 de mayo de 1990, fue tan sólo un día más en la vida de Jackson. "El premio reconoce a una persona que ha tenido un impacto importante en la cultura contemporánea y que ha contribuido perceptiblemente de un modo inspirador a la sociedad", dijo la Presidenta de BMI en aquel momento, Frances Preston.

Antonio "L.A" Reid y Kenneth "Babyface" Edmunds, buenos amigos desde hacía mucho tiempo y co-fundadores de LaFace Records, asistieron al almuerzo que tuvo lugar asociado al evento, durante el cual tuvieron la suerte de conocer a Jackson por primera vez.

Reid, que era sólo dos años mayor que Jackson, creció con la música de la superestrella desde sus inicios, cuando el pequeño Michael entonaba éxitos como "I Want You Back", "The Love You Save" y "I'll Be There", como el cantante preadolescente del floreciente grupo de Motown, *The Jackson 5*.

"Yo era un niño, Michael lo era también y yo estaba alucinado con él", recuerda Reid. "Cuando el pequeño Michael Jackson abría la boca, su voz resonaba por toda la sala".

Sobre el encuentro con Jackson en el almuerzo de BMI, Reid recuerda que "le estreché la mano, nos hicimos una foto y sólo con mirarlo a los ojos… Yo llevaba la cabeza cubierta con un fuerte gel húmedo para mantener los rizos y me iba cayendo por el cuello".

Reid, Edmunds y Jackson congeniaron, y poco tiempo después Jackson invitó al dúo a su rancho Neverland para hablar de la posibilidad de una colaboración en su proyecto siguiente, el cual se convertiría en el álbum *Dangerous*, publicado un año más tarde, en 1991.

Jackson dispuso que Reid y Edmunds llegaran al rancho en helicóptero. Según Reid, hubieron de firmar un acuerdo de confidencialidad a su llegada, antes de esperar a Jackson en su biblioteca personal.

"Estuvimos allí quizás unos cinco minutos, pero parecieron veinte", recuerda Reid. "Expectación, nerviosismo, mis ojos fijos en la puerta esperando a que Michael entrara... Y entró por una puerta secreta. Se mueven los libros y entra Michael".

Jackson, Reid y Edmunds empezaron a hablar de la música que les gustaba en ese momento. Jackson, un gran fan de su hermana Janet, mencionó "The Knowledge" -un tema de su innovador álbum *Rhythm Nation 1814*, producido por Jimmy Jam y Terry Lewis- porque la línea de bajo le hacía bailar.

"Me gusta bailar", dice Jackson. "A veces me encierro en una habitación yo solo, enciendo las luces, pongo la música de mi hermana Janet y bailo para descubrir cosas nuevas; a dónde puedo llegar con mi cuerpo. Mis canciones favoritas suyas son 'Rhythm Nation' y 'The Knowledge' porque me gusta la línea de bajo. Me vuelve completamente loco. Me encanta".

"Soy un esclavo del ritmo", explica Jackson. "Soy como una paleta de tonos. Sólo sigo el instinto. Hay que hacerlo así porque si piensas, estás perdido. Actuar no consiste en pensar, consiste en sentir".

Jackson nombró algunas otras canciones favoritas a Reid y Edmunds, todas ellas producidas por Jam y Lewis, lo que causó preocupación en Reid.

"Cada canción que él nombraba estaba escrita y producida por Jimmy Jam y Terry Lewis", recuerda Reid. "Así que yo miraba a Kenny [Edmunds] pensando: 'Creo que Michael está con los chicos equivocados'. Creo que prefiere a Jimmy Jam y a Terry [Lewis]".

Pero al final no había nada de lo que preocuparse. Jackson empezó a nombrar canciones del álbum de Edmunds de 1989, *Tender Lover*, que dominaba las listas de música urbana en aquel momento con singles como "It's No Crime", "Whip Appeal" y el que daba título al disco, "Tender Lover".

Al final de la reunión, Jackson les obsequió con la proyección del concierto de 1983 de James Brown, en el cual Jackson y su rival, Prince, se unieron al Padrino del Soul en el escenario, seguida de la película de 1986 de Prince, *Under the Cherry Moon*.

"Había un acomodador allí completamente uniformado y con una pequeña gorra", recuerda Reid de aquella experiencia extraordinaria y única. "[Fue] como si estuviéramos en los años 40".

A continuación de su viaje a Neverland, Reid y Edmunds le dieron a Jackson una selección de temas en los que habían estado trabajando para que los revisara.

"Ésta es", dijo Jackson de una demo compuesta sólo de batería y bajo. "Terminadla", pidió. Y completa y terminada – originalmente empezada por Reid y Edmunds con Daryl Simmons y Kevin "Kayo" Roberson- se convertiría finalmente en "Slave to the Rhythm".

Simmons y Roberson eran compositores y productores en el "Equipo B" de LaFace Records a lo largo de los años

80 y primeros 90. De hecho era Roberson quien interpreta la línea de bajo en la demo original de "Slave to the Rhythm" que convenció a Jackson, con Reid tocando la batería y la percusión.

Una vez se le dio cuerpo al tema por Reid, Edmunds, Simmons y Roberson, incluidos teclados (por Edmunds) y completadas las vocales, se lo presentaron a Jackson, a quien le gustó. A partir de ese momento, Jackson llevó a su más fiel y antiguo ingeniero de sonido para dirigir la grabación de las vocales, que tuvieron lugar en *Larrabee Studios* (llamados "*Larrabee North*" entonces) junto con su colega el ingeniero Paul McKenna, que estaba trabajando en varios proyectos de LaFace Records en aquel momento.

Swedien conoció a Jackson en 1977 a través de Quincy Jones, que estaba haciendo la banda sonora de la película musical *The Wiz*. A continuación de *The Wiz,* en 1978, Swedien siguió dirigiendo y mezclando cada álbum del Jackson adulto, desde *Off The Wall*, en 1979, hasta *Invincible*, en 2001. Swedien también trabajó en el single benéfico de Jackson y otros artistas, "What More Can I Give", entre 2001 y 2003.

"Grabó la vocal entera y de principio a fin veinticuatro veces", recuerda Reid de la sesión de grabación de "Slave to the Rhythm". "Ni una sola vez se tomó un descanso ni tuvo que rectificar una mala nota. Nada. Cantó la canción entera veinticuatro veces sin un descanso para ir al baño, o beber agua, sin un 'dame un momento'".

"Él cantaba la canción y decía: 'Ok, otra vez, puedo hacerlo mejor', y la repetía de nuevo. 'Puedo insistir ahí, vamos a repetir', y la cantaba otra vez. Cada vez lo hacía mejor, pero cuando ya íbamos por la trece o la catorce nos perdimos, porque todo empezaba ya a sonar igual. En ese punto sólo la iba perfeccionando, pero él insistía".

Pasaron aproximadamente dos semanas grabando y modificando "Slave to the Rhythm" en *Larrabee*, sin embargo la canción no fue finalmente considerada para su inclusión en el álbum *Dangerous*, publicado a final de noviembre de 1991.

"Cuando lo conseguimos no salió a la superficie, porque no daba la medida completamente", recuerda Reid. "Me gustaba mucho, pero nunca pensé que fuera un exitazo".

A partir de ese momento, la canción fue guardada en el cajón durante largos periodos de tiempo, sacándola de él durante las etapas iniciales de las sesiones de grabación de *HIStory* e *Invincible*, pero nunca fue considerada seriamente para ninguno de los dos álbumes por Jackson.

"Eran ideas que se fijaban en su mente", dice Michael Prince, que trabajó extensamente como uno de los más cercanos ingenieros de sonido desde 1995 hasta 2009. "Unas veces escribía canciones nuevas y otras traía del pasado lo que él sabía que era una gema en bruto".

"De hecho, recuerdo que trabajamos un poco en 'Scared Of The Moon' (grabada originalmente a mediados de los 80) para el álbum *Invincible*. Y Steve Porcaro bromeaba diciendo: 'Oh, ¿esa canción otra vez?'. Es muy curioso porque nunca la había escuchado antes. Pero esa era la manera de hacer las cosas de Michael; siempre volvía a revisar alguno de sus temas favoritos. Decía: '¿Por qué no ponemos esta canción en nuestro próximo disco? Vamos a escucharla de nuevo. ¿Podemos hacerlo un poco mejor?'. Unas veces entraba en el disco y otras veces no".

Rodney Jerkins, que produjo una gran cantidad de material entre los años 1999 y 2001 para el que sería el álbum *Invincible*, recuerda a Jackson mostrándole "Slave to the Rhythm" en una de sus primeras sesiones juntos.

"Recuerdo a MJ poniéndome esa canción hace mucho tiempo", recuerda Jerkins. "Fue grabada originalmente para el álbum *Dangerous*… Me la enseñó un día sólo para ver lo que pensaba. Me gustó la canción pero, ¿qué canción de Michael no me gusta? ¡Me encanta toda su música!".

L.A. Reid y Jackson siguieron en contacto ligeramente en los años siguientes a sus sesiones de grabación de 1990, mientras que Edmunds y él siguieron trabajando juntos durante muchos años. Edmunds escribió el tema de 1996 "On The Line" y co-escribió en 2001 "You Are My Life", con John McClain y Carol Bayer Sager.

En octubre de 2005, Jackson y Reid se reunieron en el Hotel Dorchester de Londres para hablar de la posibilidad de que Jackson se uniera al sello Island Def Jam, del cual Reid era presidente en aquel momento.

"Me llamó 'Señor Presidente'", recuerda Reid. "Fue la cosa más simpática del mundo".

Respecto a sus planes musicales, Jackson le contó supuestamente a Reid: "No quiero hacer otro disco simplemente. Quiero hacer algo grande. Si no puede ser grandioso; si no puede ser algo innovador, enorme, y no te comprometes como yo lo hago, entonces no deberíamos hacerlo. Pero si te comprometes conmigo, te prometo que yo lo haré igual contigo".

Desafortunadamente para Reid, nunca llegaron a tal compromiso.

En lugar de eso, Jackson siguió viviendo en el golfo Pérsico en donde había estado trabajando en nueva música –incluidas las canciones "He Who Makes The Sky Grey" y "I Have This Dream"- con su colaborador habitual John Barnes, mientras disfrutaba de la tranquilidad y privacidad que le ofrecía el Golfo a él y a sus tres hijos. Jackson firmó también un contrato de una vida muy breve con 2Seas Records –un sello discográfico fundado por el príncipe de Bahrein, Sheik Abdulla Hamad Al Khalifa- el cual, como muchas de las aventuras en las que se vio envuelto durante la última década de su vida, acabó finalmente en litigio.

La decisión del Rey del Pop de marcharse al extranjero y declinar la oferta de Reid de unirse al sello Island Def Jam no echó a perder los sentimientos del ejecutivo discográfico hacia su otrora colaborador. Por el contrario, Reid recuerda sus numerosos encuentros con Jackson como algunos de los momentos más destacados de su vida.

"Lo que Jackson significa para mí es muchos y grandes momentos en mi vida y en la historia de la cultura pop", dice Reid. "Y la influencia y el impacto que ha tenido sobre otros artistas. Es simplemente el más grande. El más grande que exista jamás".

XSCAPE ORIGINS

· · · · · ·

Do You Know Where Your Children Are

Después de publicar *Thriller* en 1982, Michael Jackson empezó a adquirir fama de tomarse mucho más tiempo que la mayoría de los artistas en terminar y publicar álbumes de estudio. Siendo el perfeccionista que era, Jackson, con la ayuda de su equipo de fieles colaboradores, trabajaba en mucho más material del que necesitaba para cada proyecto, seleccionando sólo las mejores canciones que finalmente conformarían los álbumes que todos conocemos y amamos.

"Como es habitual, [Michael] va al estudio y hace *un montón* de material, unas cien canciones… Es genial", recuerda Quincy Jones, productor de los legendarios álbumes de Jackson, *Off The Wall*, *Thriller* y *Bad*.

"*Bad* es el álbum donde le pedí que escribiera *todos* los temas", continúa Jones. "Le podía ver creciendo como artista y comprendiendo la producción y todo lo demás".

"Michael había escrito treinta y tres canciones y la casa discográfica estaba diciendo: 'Bien, ok, es el momento decisivo. Tenemos que elegir' ... No puedes poner treinta y tres canciones en un disco. ¡Y él había escrito algunas cosas *fantásticas*! Verdaderamente fantásticas".

Una de las canciones que había escrito y grabado durante las sesiones que culminaron en el álbum de 1987, *Bad*, fue "Do You Know Where Your Children Are", cuya demo original la inició Jackson con sus colaboradores de siempre, John Barnes, Bill Bottrell y Matt Forger.

"Fue una de las canciones con las que empezamos el álbum *Bad*", recuerda Forger. "En aquel tiempo, Michael llevó muchas canciones a Hayvenhurst. Muchas de ellas tenían cierto contenido social, porque había cosas de las que se hablaba en las noticias o en la sociedad del momento, y él se refería a muchos de esos temas en el material que estaba escribiendo".

Según los que trabajaron con él a lo largo de los años 70 y principios de los 80, Jackson había barajado la idea de hacer un álbum conceptual hablando de problemas mundiales como la hambruna, temas sociales y políticos o el abuso infantil. Fueron producidas un buen número de canciones en ese periodo, tales como "Little Susie" (escrita y grabada originalmente en 1978, regrabada y publicada finalmente en el álbum *HIStory*, en 1995) y "Be Not Always" (publicada en el álbum *Victory* de *The Jacksons*, en 1984). Si se hubiera materializado un álbum conceptual, "Do You Know Where Your Children Are" habría encajado con seguridad en él.

"Había un anuncio de televisión –en Estados Unidos los llamaban anuncios de servicio público- que era muy breve y venía a decir: 'Son las diez de la noche, ¿sabes dónde están tus hijos?'", explica Forger sobre la inspiración inicial para el estribillo y el tema de la canción. "Se trataba de intentar que los padres pensaran si estaban involucrados o no en las vidas de sus hijos y si sabían por dónde andaban".

"Había muchos problemas entonces, como los hay hoy en día, con adolescentes envueltos en actividades muy peligrosas y con malas consecuencias; como pandillas, drogas y prostitución, y lo que Michael intentaba hacer con ese mensaje era llamar la atención sobre él en forma de música popular".

Jackson supuestamente escribió una nota manuscrita cuando estaba haciendo la canción, en la que detallaba el tema y el mensaje que pretendía lanzar a través de la letra.

"La canción trata de unos niños criados en una familia rota, en la que el padre llega a casa borracho, la madre sale a prostituirse y los hijos huyen de casa", escribe Jackson en la nota. "¿Sabes dónde están tus hijos? Son las doce en punto. Están en alguna parte ahí fuera en la calle. Imagínate lo asustados que están. Trata sobre el problema fuera de control que tenemos en América. Se convierten en víctimas de la prostitución, vendiendo sus cuerpos".

Michael Jackson siempre fue muy sensible al sufrimiento ajeno, y siempre estaba intentando ayudar a quienes lo necesitaban de cualquier modo o forma que pudiera. La madre de Michael, Katherine Jackson, recuerda que incluso siendo niño era extremadamente empático con los menos afortunados.

"Cuando era pequeño y estábamos sentados viendo la televisión", recuerda Katherine, "salían imágenes de esos niños hambrientos, niños con los vientres hinchados y moscas a su alrededor. Niños enfermos. Yo le miraba a él y estaba llorando. Podía sentir su dolor. Y me decía: 'Madre, un día haré algo acerca de esto'. Y yo no le prestaba demasiada atención".

Conforme pasaron los años y Jackson creció, su deseo de ayudar a los necesitados se hizo más fuerte. Katherine recuerda el día en que Michael la invitó a ella y al resto de la familia Jackson a ir a Nueva York para ver lo que finalmente pudo hacer por esas personas necesitadas.

"Nos llamó para ir a Nueva York", recuerda Katherine, "y me llevó a un hangar. En él había un avión lleno de material con destino a donde estaban esos niños pobres. Quiso que viera lo que había hecho".

El ingeniero Matt Forger tiene recuerdos similares del deseo de Jackson de arreglar los problemas mundiales y el modo en que podía conseguirlo.

"Lo primero que tienes que hacer cuando tratas de abordar un problema es definirlo", recuerda Forger. "Tienes que decir muy claramente: 'Este es el problema', y eso es lo que Michael estaba haciendo, arrojando luz sobre él en su música".

A mediados de los 80, y a pesar del hecho de que Jackson había desechado la idea de escribir un álbum conceptual, las canciones sobre los problemas que había tratado de abordar seguían brotando.

"Michael escribió muchas canciones durante esa época –como 'Abortion Papers', 'Throwing Your Life Away' y 'Crack Kills'- hablando de problemas sociales", continúa Forger. "Eran problemas que estaban en los medios de comunicación todo el tiempo, pero Michael estaba intentando llevarlos a otra forma diferente de concienciación social, poniéndolos en la vanguardia de la música, tratándolos de un modo musical, donde la gente pudiera captar el mensaje explicado con una melodía y un estribillo".

"A veces, cuando te aproximas a la gente con un mensaje de esa manera, éste tiende a fijarse; algo así como lo que hizo Michael con 'We Are The World'. Había una tremenda concienciación sobre este tema que necesitaba ser dirigida a escala global y eso era algo de lo que Michael hablaba siempre. Sentía la necesidad en su corazón de hacer algo".

"Observaba situaciones o escuchaba sobre algunas cosas y decía: '¿Cómo puede la gente actuar de esta manera? ¿por qué los seres humanos se tratan entre sí de esta manera?'. Surgía en la conversación cuando hablábamos de esos problemas", dice Forger. "Michael tomaba esos pensamientos e ideas, así como la frustración, y las ponía en su música haciendo una declaración. A partir de ese punto, continuó por ese camino e hizo muchas más canciones como esa, especialmente, 'They Don't Care About Us'. Ahora *tenemos* una canción que habla de verdad por las personas que no tienen voz".

Forger recuerda que la versión original de "Do You Know Where Your Children Are" se hizo durante las primeras sesiones de *Bad* en la casa de Hayvenhurst de Jackson, en Encino, California.

"Fuimos ambos, Bill Bottrell y yo quienes trabajamos como ingenieros en ella, recuerda Forger. John Barnes, como era habitual, fue el programador y tocó el sintetizador en el tema, y también fue responsable de los arreglos de varias partes de la demo usando el Synclavier.

"Bill [Bottrell] y yo nos alternábamos", recuerda Forger. "Unas veces uno de nosotros estaba en Hayvenhurst y otras veces era el otro, dependiendo de nuestro calendario y nuestra carga de trabajo. Había veces en que yo estaba fuera trabajando en *Capitán Eo* con Michael y Bill cubría mi puesto en Hayvenhurst. Bill y yo nos llevábamos muy bien. Me gustaba trabajar con Billy".

"Según fuera la gente que trabajaba con Michael, cada uno de ellos lo hacía en un estilo ligeramente diferente", recuerda Forger. "Bruce Swedien era la persona cuyo sonido era el R&B. El enorme, hermoso y vibrante bajo. Las bellas baladas. El estilo y el sonido de Bryan Loren eran verdaderamente funkys. Cuando Teddy Riley trabajó con él, tenía el sonido New Jack Swing y el estilo de Bill Bottrell era el de las canciones menos convencionales y el rock and roll".

"Yo era una influencia que él no habría tenido de otra manera. Yo era el rockero y también el country boy, algo que ningún otro era", dice Bottrell, cuya sensibilidad para el rock fue muy útil en "Do You Know Where Your Children Are".

"Él tiene un instinto musical muy preciso. Tiene un disco entero en su mente y trata de conseguir que la gente lo haga para él. A veces le sorprenden ofreciéndole más de lo que oye, pero en realidad su trabajo consiste en extraer de los músicos e ingenieros lo que escucha cuando se levanta por la mañana".

"Mi objetivo era entender lo que Michael tenía en su cabeza y el modo en que su creatividad iba formando las canciones, y tratar de extraerlo permaneciendo fiel a lo que había en su mente, captando ese carácter", explica Forger. "Es lo que yo llamo actuar como un facilitador. No se trataba de decir: '¿Qué te parece si conseguimos que suene así, Michael?'... sino más bien: 'Michael, ¿de qué modo conseguimos que esto suene tal como te lo estás imaginando?'".

La clave para capturar la magia era, como Michael Jackson decía a menudo, salirse del camino de la música y dejar que se escriba por sí misma. Forger recuerda hacer un esfuerzo consciente para no interferir en el camino de la música.

"Cuando trabajaba en el estudio con Michael –y trabajé muchos años con él- siempre sentía que no quería analizarlo", dice Forger. "No quería alterar el ambiente. Porque lo que sé sobre el trabajo en estudio es que tienes que estar ahí en el momento; especialmente trabajando con Michael. Tienes que estar en el instante preciso con él y creía que si pensaba demasiado en ello podría alterarlo".

"Una canción se crea a sí misma", dice Jackson. "Yo sólo soy la fuente a través de la que viene. Cuando una canción llega hasta mí, escucho las cuerdas, el bajo, la batería; llega todo completo. Es igual que coger al vuelo una hoja que cae de un árbol. Es la cosa más espiritual y hermosa que pueda suceder".

Bottrell recuerda el método único de dictar oralmente los sonidos que escuchaba en su cabeza, tarareando y cantando melodías, ritmos y riffs de guitarra a los músicos para que ellos pudieran reproducirlos.

"Es un modo de hacerlo bastante poco habitual", dice Bottrell. "La gente [normalmente] contrata a un guitarrista y le dice: 'Este es el acorde. Quiero que suene así', y el guitarrista tendrá que inventarse esa parte. Sin embargo, Michael tararea cada ritmo y nota o acorde, y lo puede hacer muy bien. Él describe el sonido que tendrá el disco cantándotelo".

Cuando creó la demo de "Dirty Diana" con John Barnes en 1985, Jackson vocalizó cada sonido con extrema precisión, y Barnes después lo materializó. Barnes es también responsable de todos los arreglos musicales, de sintetizador y cuerdas en la demo de "Dirty Diana", la cual, como sucede también en "Hot Fever" (una versión instrumental que se convertiría finalmente en "The Way You Make Me Feel") y en "Smooth Criminal", ambas grabadas en 1985, es estructuralmente idéntica al tema que apareció en el álbum *Bad* dos años después.

Sin embargo, una parte de "Dirty Diana" en la que Barnes no contribuyó es el solo de guitarra. Jackson puede ser escuchado en la demo cantando la secuencia de sonidos característicos que quería para el solo, imitando la guitarra eléctrica que tocaría Steve Stevens en la versión del álbum *Bad* de 1987.

De nuevo, como con la mayoría de canciones que escribió a mediados de los 80, Barnes dio vida a "Do You Know Where Your Children Are" para Jackson. Y una vez más, igual que con "Dirty Diana", la única cosa que Barnes *no* tocó en ella fue el solo de guitarra, para el cual Jackson llevó a uno de sus guitarristas favoritos, David Williams. Williams era habitual en los proyectos de Jackson, habiendo contribuido en cada álbum de estudio de Michael Jackson o *The Jacksons* entre *Off The Wall*, en 1979 y *HIStory*, en 1995. También tocó la guitarra en directo en varias giras con ambos, Michael Jackson y *The Jacksons*.

El tema específico de "Do You Know Where Your Children Are" era algo de lo que Jackson y su equipo eran testigos frecuentes en Los Ángeles. Incluso el simple paseo hasta el estudio de grabación les exponía a menudo la dura realidad de la vida en la calle.

"Cuando vives en esta ciudad, todo lo que tienes que hacer es conducir por Hollywood Boulevard por la noche y ves lo que parecen ser niños", dice Forger. "Y sea cual sea su edad, es gente muy joven, muchos de ellos se han escapado de sus casas. Algunos escapan de una no demasiado buena situación familiar y otros en busca de fama y fortuna. Ves un sector de la humanidad en un estado desesperado. Y eso, a una persona como Michael, tocaba su fibra más sensible; el hecho de ver ante su cara a un sector tan vulnerable de la población, en gran parte niños, viviendo en la calle".

"Estábamos en el estudio hasta última hora de la noche y cuando volvíamos a casa lo veíamos cada día. Es muy difícil de evitar. Michael lo veía en persona y le afectaba. Se quedaba en su mente y en su conciencia".

"Soy muy sensible a su sufrimiento y a la condición humana", expresa Jackson. "Quiero hacer lo que pueda por ayudar".

"Hoy en día los niños son alentados constantemente a crecer más deprisa, como si este periodo, conocido como infancia, fuera una etapa pesada que hubiera que soportar y sobrellevar tan rápidamente como sea posible".

"La nuestra es una generación que ha sido testigo de la abolición de los pactos entre padres e hijos", continúa Jackson. "Los psicólogos publican bibliotecas enteras de libros detallando los efectos destructivos de denegar a los niños el amor incondicional, que es tan necesario para un desarrollo saludable de su mente y personalidad. Y a causa de ese abandono, demasiados de nuestros niños tienen la necesidad de criarse solos. Están creciendo más alejados de sus padres, abuelos y otros miembros de la familia, mientras que a nuestro alrededor, el lazo indestructible que una vez unió a todas las generaciones, se deshace".

"Michael a veces cantaba canciones –y "Do You Know Where Your Children Are" es una de ellas- con una fuerte personalidad que podían provocarte escalofríos en la espina dorsal", recuerda Forger. "Bastante a menudo, para mí personalmente, cuando cantaba sobre estos temas tan fuertes y delicados, y tan personales para él, no podías evitar sentirte afectado escuchándole cantar esas palabras. Michael era muy efectivo comunicando una emoción. A veces se nos caía la baba de la emoción cuando le escuchábamos cantar. Había veces cuando cantaba que podía llegarte hasta lo más profundo. Te llevaba al borde de las lágrimas".

Como muchos de sus ingenieros han recordado a lo largo de los años, grabar las vocales de Jackson era una experiencia como ninguna otra.

"Después, por supuesto, llegaba el momento de poner las diferentes capas de vocales", continúa Forger. "Ese proceso de escucharle cantar una línea principal y después una transición a las segundas voces, poniendo capa por capa sus armonías. Había días que te ibas a casa sintiéndote como si te hubieran exprimido emocionalmente. Michael estaba en una habitación al micrófono y yo estaba al final de la consola –sólo nosotros dos– y la intensidad era a veces sobrecogedora. No podías dejar de prestar atención. No podías negarlo. Te afectaba muy profundamente. Y ahora, cuando vuelvo a escuchar estas canciones, escucho vocales que son simplemente sorprendentes. A veces miro hacia atrás y pienso: 'Caramba, yo estaba dando esto por descontado; estar allí en aquel momento'. Era algo surrealista".

Finalmente, "Do You Know Where Your Children Are" no fue considerada para el álbum *Bad,* ni llegó hasta las sesiones de grabación de Westlake de 1987 con el productor Quincy Jones, los ingenieros Bruce Swedien y Brad Sundberg y el resto del "Equipo A", como eran conocidos.

"Es interesante cuánto trabajo y colaboración tuvo lugar antes de que las canciones llegaran a las salas en las que yo estaba trabajando", dice Sundberg, que trabajó con Jackson como ingeniero a lo largo de dieciocho años, entre 1985 y 2002, en cuatro álbumes, numerosos cortometrajes, remixes e incluso en proyectos en el rancho de Jackson, Neverland. "Matt Forger y yo tenemos un equilibro único, él trabajando en las canciones mucho antes que yo, antes de entregármelas a mí y a Bruce [Swedien]".

Después de que el álbum *Bad* fuera publicado, Jackson se embarcó en una gira mundial de dieciséis meses –*Bad*

World Tour- que duró desde septiembre de 1987 hasta enero de 1989, con un total de 123 conciertos, una asistencia de 4,4 millones de fans y unos beneficios de 125 millones de dólares. Tras regresar a casa después de la gira, Jackson empezó con las sesiones para el que sería su siguiente álbum: *Dangerous*.

Igual que hizo con canciones como "Slave to the Rhythm", Jackson volvió a sacar algunas de sus "gemas en bruto" (como las llama el ingeniero Michael Prince) para las sesiones previas; por si podían ser mejoradas de alguna manera. "Do You Know Where Your Children Are" fue uno de los temas.

Y de nuevo, como sucedió con el álbum *Bad*, el tema no fue considerado seriamente para *Dangerous*. Sin embargo, eso no significa que Jackson dejara de considerar ese problema, u otros tan importantes, de hecho.

Cuando el pionero productor de New Jack Swing, Teddy Riley, entró en escena, llevó consigo un montón de sonidos frescos y contemporáneos que cambiaron la dirección musical que Jackson había estado explorando en el pasado. Uno de los temas que le presentó Riley fue un ritmo sencillo que se convertiría en "Why You Wanna Trip On Me", publicada en el álbum *Dangerous* en 1991.

"'Why You Wanna Trip On Me' era un tema, musicalmente hablando, de Teddy Riley tal y como llegó al proyecto", recuerda Forger. "Lo que Michael hizo fue añadirle su propio sabor a la melodía y un arreglo inteligente, llevándolo en esa dirección. Cada uno de los temas de Teddy empezaban con un simple ritmo".

"Creo que 'Why You Wanna Trip On Me' era un tema más contemporáneo del álbum *Dangerous* en aquel momento que 'Do You Know Where Your Children Are', pero es lo que pasa a veces en estas cosas", explica Forger. "A veces, cuando escribes una canción en cierta época, tiene el distintivo de una canción de ese momento. Una de las cosas que Michael quería hacer siempre era ser muy contemporáneo en el sonido de las canciones".

"Y cuando estás en una situación en la que te enfrentas a cumplir una fecha límite para un álbum, y tienes que entregar esos diez o doce temas terminados, quieres que sean las canciones más fuertes que puedas poner en él. Y algunas de las demás canciones, aunque eran bastante buenas, si tienes una canción con un estilo en particular, no quieres duplicarla con el mismo tema, o incluso con el mismo sentimiento o dirección musical. Hay muchas cosas que considerar y Michael siempre se decidía por las canciones que pensaba que eran las mejores".

"Do You Know Where Your Children Are" apareció brevemente de nuevo en 1994, durante las sesiones de grabación del álbum *HIStory* en *The Hit Factory* de Nueva York. Brian Vibberts, un ingeniero que trabajó en el proyecto, recuerda que le pidieron hacer algunos pequeños cambios en la programación de batería.

"No recuerdo nada en particular sobre eso, pero esa era la forma de trabajar de Michael", recuerda Forger. "Elegía muy frecuentemente una canción que tenía empezada y la volvía a revisar, incorporando a veces a una nueva persona al proceso –un nuevo productor, otro ingeniero, un programador o músico de alguna clase- para ver si había una nueva dirección en la que trabajar que Michael decidiera seguir".

"Obviamente, canciones que están en *HIStory* y fueron empezadas para *Dangerous*, como 'Earth Song' y 'They Don't Care About Us', son el mejor ejemplo de esto", dice Forger. "Era muy habitual revisar las cosas. A veces se hacía muy brevemente pero, de vez en cuando, una de esas canciones se repescaba y Michael se entusiasmaba con la nueva dirección tomada y seguía adelante con ella".

Otro ejemplo de revisión de viejo material durante las sesiones de *HIStory* por parte de Jackson es la canción "Changes", una alegre demo interpretada al piano y batería programada. La canción es otra de las que Jackson trabajó con John Barnes a mediados de los 80, más o menos en el mismo tiempo que "Do You Know Where Your Children Are" fue grabada. La demo de "Changes", que es increíblemente pegadiza y habría sido seguramente un éxito, si hubiera sido terminada y publicada, presenta una vocal muy en bruto, con Jackson mascullando y tarareando una melodía a lo largo de ella. Los versos tienen muy pocas palabras distinguibles, con Jackson cantando: *"No puedo superar los cambios"*, y preguntando: "*¿Qué estás intentando hacerme?*" en el estribillo. Una versión de la canción trabajada durante las sesiones de *HIStory* presenta también una emotiva interpretación góspel a cargo del Coro de Andraé Crouch –a quien Jackson adoraba y con quien trabajó en cuatro de sus discos en solitario- incluyendo un par de impresionantes vocales y ad-libs.

Finalmente, "Do You Know Where Your Children Are", como otras muchas demos de la misma época, nunca fue acabada ni publicada durante la vida de Jackson. Sin embargo comenzó a trabajar en otra canción llamada "Hollywood Tonight"; otro tema sobre chicas fugitivas que se encuentran envueltas en el lado más oscuro del trabajo en la calle y la prostitución infantil en "Tinsel Town" (Hollywood).

"Hollywood Tonight" fue concebida por Jackson en 1999 y fue desarrollada a lo largo de una década con su colega y arreglista Brad Buxer y el ingeniero de sonido Michael Prince. En el momento de su fallecimiento, en 2009, se encontró en su dormitorio una lista con títulos de canciones a considerar para su siguiente proyecto. En ella, entre más de veinticinco títulos más, estaba "Hollywood Tonight".

"Déjame decirlo de esta manera", dice Forger. "Como Michael era un artista tan prolífico, no podía llevar cada canción hasta el máximo nivel de producción y arreglo posible. Simplemente es que tenía muchísimas canciones".

Blue Gangsta

"Smooth Criminal", publicada en 1987 como parte del álbum *Bad*, es la culminación de años de Michael Jackson jugando con la idea de hacer una canción basada en el crimen organizado en la década de los años 20 en América. La fascinación permanente del Rey del Pop por los mafiosos y gangsters del submundo criminal está bien documentada, y se extiende desde sus canciones hasta sus proyectos cinematográficos.

El cortometraje de la canción "Smooth Criminal" toma prestada la historia de la vida de Jack "Legs" Diamond, gangster americano de origen irlandés afincado en Filadelfia y Nueva York durante la época de la prohibición. En los años finales de su vida, Jackson había planeado dirigir un largometraje basado en la idea Legs Diamond/Smooth Criminal, invitando a su viejo colega Kenny Ortega a unirse con él como co-director del proyecto. (*Casualmente, el ingeniero de sonido Michael Prince tocaba la guitarra rítmica y los teclados en una banda llamada Legs Diamond*).

La canción misma "Smooth Criminal" evolucionó de una demo anterior de Jackson llamada "Al Capone", por el tristemente célebre gangster de Chicago del mismo nombre.

Una versión inédita de la demo de Jackson "Al Capone" tomó su inspiración de la historia de otro gangster de la misma época: el libro escrito por William R. Burnet y su posterior adaptación al cine en la película de 1931, "Little Caesar", que cuenta la historia de un rufián que va ascendiendo niveles del crimen organizado en Chicago hasta alcanzar sus más altos escalones.

Dirigida por Mervyn Leroy y protagonizada por Edward G. Robinson en su exitoso papel de Caesar Enrico "Rico" Bandello (a.k.a. "Little Caesar") la película incluye la famosa escena en la cual un desafiante Rico grita: "¿Quieres atraparme? ¡Tendrás que venir a buscarme!".

El colaborador de Jackson, John Barnes, sampleó esas palabras en una versión inédita de "Al Capone". Junto con Bill Bottrell también sampleó unos sonidos de disparos, así como vocales de varias canciones de James Brown. Estas muestras fueron unidas y editadas para crear un dúo virtual de inspiración gangsteril entre el Rey del Pop y el Padrino del Soul, algo que según Barnes, Jackson adoraba absolutamente.

Una canción incluso anterior, en la cual Jackson trabajó durante la era *Victory* con el miembro de *Toto*, Steve Porcaro, "Chicago 1945", sobre tres chicas jóvenes desaparecidas misteriosamente durante la Exposición Mundial que nunca fueron encontradas de nuevo, también hace referencia a Capone en su letra.

De modo que cuando Elliot Straite (a.k.a. "Dr. Freeze") llegó a Jackson con la idea de revivir su fascinación por los temas gangsteriles en la forma de una versión para el nuevo milenio de "Smooth Criminal", llamada "Blue Gangsta", Jackson se puso contento.

Escrita por Freeze y grabada por Jackson durante las primeras sesiones de *Invincible,* que tuvieron lugar en Los Ángeles en 1998, "Blue Gangsta" nació en la misma época que "Break of Dawn" y "A Place With No Name", los otros dos temas que Jackson acabó durante el tiempo que estuvo colaborando con Freeze.

"Le enseñé muchas canciones", explica Freeze, que también trabajó con Jackson en un buen número de canciones nunca terminadas, incluida "Rise Above It All" (un alegre himno en la onda de "Keep The Faith", del álbum *Dangerous*) y "Jungle" (un tema *up-tempo* –creado por Freeze usando un *loop* de Brad Buxer- con un rap sobre los problemas de los países desarrollados y la corrupción sistemática, reminiscencia de "Tabloid Junkie", del álbum *HIStory* y estribillo enérgico parecido al de "Why You Wanna Trip On Me" de *Dangerous*.

"Con 'Blue Gangsta' quise hacer un nuevo 'Smooth

Criminal'", recuerda Freeze. "Algo más moderno y arraigado en el nuevo milenio. Esa era la idea".

"Era una canción de amor, pero en esa época y con este sonido, y cantada por Michael".

Freeze produjo la demo original usando el equipo Pro Tools de Michael Prince, componiendo el tema entero él mismo antes de enseñársela a Jackson, incluidas las vocales, sintetizadores y vientos. Después, una vez tuvo su aprobación, Jackson llevó a varios músicos de primera fila, que tocaron en algunos de sus álbumes anteriores, para tocar en la canción.

Brad Buxer, que hizo toda la edición digital y la programación de instrumentos y arreglos en cada disco de Michael Jackson desde *Dangerous* en 1991, hasta *The Ultimate Collection* en 2004, toca los teclados en la canción. Greg Phillinganes, que contribuyó con su talento -principalmente piano, teclado y sintetizador- en cada gran álbum de Michael Jackson y *The Jacksons* desde *Destiny* en 1978, hasta *Blood On The Dance Floor* en 1997 (con la excepción de *Victory* en 1984), toca el Minimoog. Mientras que el legendario arreglista e instrumentista, Jerry Hey, que hizo los arreglos de viento en todos, desde *Destiny* hasta *Blood On The Dance Floor*, dirige perfectamente la sección de viento en "Blue Gangsta".

"La canción era impresionante", recuerda el ingeniero Prince, quien, junto con Buxer, pasó muchos años trabajando en el estudio en la música de Jackson y Freeze. "A Michael obviamente le gustaba 'Blue Gangsta', porque llevar a algunos de los músicos era *muy* caro. Me refiero a que se consiguió a *Jerry Hey* para los arreglos de viento. No cabe duda de que los metales en 'Blue Gangsta' eran increíbles".

"Michael era el perfeccionista más grande del mundo", dice Buxer. "No sólo con su música, sino también con el sonido –su volumen, cómo te afecta, dónde golpea en tu oído, en qué frecuencias y un millón de cosas más. De manera que no estás hablando sólo de canciones ni de mezclas. Estás hablando de arreglos, amplitud y selección de instrumentos para la producción".

Un colaborador menos conocido de Jackson, el talentoso percusionista Eric Anest –que tocó en algunos de los temas inacabados de Jackson producidos y dirigidos por Brad Buxer y Michael Prince desde mediados a finales de los 90, como "Beautiful Girl", "In The Back" y "The Way You Love Me"- recibió una copia de "Blue Gangsta" para ver lo que podía aportar.

"Eric hizo un trabajo de percusión maravilloso", recuerda Buxer.

"Tipos de percusión industrial", añade Prince. "Paulinho [Da Costa] o incluso Steve Porcaro podían llevarse el tema durante un día o dos y devolvérnoslo con cuarenta pistas, o lo que ellos le añadieran. Entonces teníamos que pensar lo que íbamos a conservar y lo que no. A veces eliminábamos todo".

Finalmente, las percusiones de Anest se quedaron en

el corte, sobreviviendo hasta la versión final de "Blue Gangsta".

Cuando los músicos sentaron las bases del tema, Jackson, junto con la asistencia de los ingenieros Mike Ging, Humberto Gatica y CJ deVillar, grabó las vocales principales.

Mientras Michael Prince remarcaba la categoría de los músicos de estudio que Jackson empleó para tocar "Blue Gangsta", como un reflejo de su amor por la canción, lo mismo se puede decir del equipo de ingenieros que trabajaron en ella. Que Jackson llevara a músicos de la talla de Humberto Gatica -uno de los ingenieros más aclamados de la historia de la música moderna, que no sólo trabajó en *Thriller*, "We Are The World", *Bad*, *HIStory* e *Invincible* de Jackson, sino también con Whitney Houston, Celine Dion, Mariah Carey, Andrea Bocelli, Barbra Streisand, Neil Diamond y muchos otros- para contribuir con su talento en el tema, sólo confirma además lo importante que era para él.

DeVillar cree que posiblemente el Rey del Pop estuviera en su momento más alto de potencia vocal durante aquellas sesiones de grabación.

"Debía estar al máximo de su potencia en aquel momento", dice deVillar. "Michael tenía cuarenta años cuando grabó 'Blue Gangsta'. Su actitud mental unida a su forma física estaban en su plenitud, en mi opinión. La fuerza y la gracia que tenía dentro –los tonos altos y bajos, su grito y su voz serena- y el modo en que manejaba el micrófono. Aprendí muchísimo de Michael, una barbaridad. Aquí estoy yo, grabándole a él –y normalmente en mis sesiones, soy yo quien dirige y produce– y cuando estaba sentado en mi silla sentía que era yo quien aprendía. Sentía que estaba siendo instruido cuando grababa con él. La responsabilidad era enorme para mí".

"Su entonación es una locura, tío. ¡Una locura! Sería imposible no ser capaz de mezclar sus vocales correctamente. Y Michael era bueno incluso con sus oclusivas; cuando respiras y soplas al micrófono. Ese crujido puede fastidiar un micrófono, pero Michael controlaba totalmente esas cosas. La mayoría de los cantantes no se le acercan ni de lejos. Michael comprendía el proceso tan bien que cuando se escuchaba su voz en playback en el estudio, a lo largo de los años, encontró el modo de librarse de esos problemas. Porque cuando vas desde la cabina de grabación a la sala de control y escuchas se trata de una dinámica diferente. La sensibilidad del micrófono es distinta dependiendo de cómo lo golpees, y por supuesto, Michael lo sabía. Por eso nunca escuché una oclusiva o un crujido exagerados".

"Cuando grabó 'Blue Gangsta' estamos viendo treinta años de un genio moldeando su sonido vocal para que quede bien en los discos. Hay juventud y fuerza en su voz, pero también hay habilidad. Michael disponía de ambas cosas y creo que a su máxima potencia en el momento en que estábamos grabando. Habilidad, experiencia y potencia unidas. Era increíble. Yo estaba absolutamente emocionado".

Mientras Jackson grababa sus vocales, Freeze, como es característico en las canciones que escribe para otros artistas (como "Break Of Dawn" y "A Place With No Name" para Jackson), grabó también sus *propias* vocales para el estribillo y segundas voces.

"Freeze ponía todos sus coros primero", explica Prince, "y Michael solía entrar y decía: 'Eso suena perfecto'. Después Michael cantaba una nota de cada una de las armonías para que hubiera un poco de su parte en ellas. Pero Freeze sonaba muy bien, así que dejamos su voz en la canción".

A partir de ahí, como hacía a menudo, Jackson se llevó una copia de "Blue Gangsta" a su hogar de Neverland Valley Ranch para estudiarla; para encontrar aspectos que mejorar artísticamente, según su opinión.

"Fue un trabajo gradual", recuerda Freeze. "También escuchaba las diferentes mezclas y cambiaba algunos detalles aquí y allá. Estaba en pleno control creativo".

"Cuando escuchas el playback piensas en todo lo que debería estar ahí y no está", explica Jackson. "Lo estás escuchando todo [en tu cabeza] y quieres gritar porque no lo escuchas [en el playback]".

"Cuando volvió [al estudio] se habían hecho cambios y propuesto algunas ideas", añade Freeze. "Él las escuchaba atentamente... Finalmente, todas las decisiones eran suyas. Él era el jefe. Estaba abierto a toda crítica y sugerencia que beneficiara a la canción".

Con el paso del tiempo se hicieron mejoras en la grabación original. Por ejemplo, el 6 de marzo de 1999, Jackson quiso añadir al tema un sonido de percusión específico. Sus instrucciones fueron tan concretas que tuvo que llamar por teléfono a Brad Buxer y a Michael Prince a *Record One* y hubo que conectarlo a una plataforma Pro Tools para poder grabar exactamente lo que estaba oyendo en su cabeza.

"Lo instalamos para que Michael pudiera simplemente llamar y grabar directamente en Pro Tools", explica Prince, "para que no tuviera que llevar todo el tiempo con él una grabadora con la que capturar sus ideas".

Con Jackson al aparato, Buxer y Prince abrieron la sesión de "Blue Gangsta" en Pro Tools y pusieron en marcha el tema. Entonces Jackson, a través del teléfono, dictó los sonidos de percusión que tenía en mente haciendo beatbox a lo largo de la pista. "Así es como lo conseguimos en esa sesión, en el punto exacto que quería Michael y con el ritmo exacto que deseaba", explica Prince, que grabó la llamada mientras Buxer hablaba de vez en cuando con Jackson entre medias de su clase magistral privada de beatbox. "Fabuloso… Fabuloso", exclama Buxer mientras Jackson realiza la percusión usando la boca.

"¿Entiendes lo que quiero decir, Brad?".

"Sí, claro, Michael. Por supuesto", responde Buxer.

"¿Estás escuchando cómo lo hago?".

"Sí. ¡Es fabuloso! Fantástico. Lo tenemos". Asegura Buxer a Jackson.

Al día siguiente, después de añadir la percusión adicional, Jackson hizo sustituir un breve sonido de guitarra española en "Blue Gangsta" por el sonido del silbido country-western que se hizo famoso en el tema de Ennio Morricone, compuesto para la película de Sergio Leone de 1966, *El Bueno, el Feo y el Malo*.

Jackson había usado previamente el mismo sampleo en interpretaciones en directo de "Dangerous", una actuación que, casualmente, también samplea el tema de 1987, "Smooth Criminal".

"Como ya dije, quise hacer un nuevo 'Smooth Criminal'", reitera Freeze sobre "Blue Gangsta".

"Ese era nuestro objetivo: el nuevo 'Smooth Criminal'".

Silbidos de famosas películas y hacer percusión con la boca estaban lejos de ser los más extraños sonidos con los que Jackson experimentó para su música.

"Michael solía crear sonidos y los ponía en sus discos", recuerda Freeze. "Podía tirar un huevo al suelo y lo grabábamos... Me hacía escuchar música de África, Japón y Corea, él estudiaba esa clase de cosas. Me enseñó mucho con todo eso".

"Me han influido culturas musicales de todo el mundo", dice Jackson. "He estudiado todo tipo de música, desde

África a la India, China y Japón. La música es música y toda es bella. Me he sentido influido por todas esas culturas diferentes".

Además de silbidos y percusión, Jackson tenía la segunda parte del puente –un hermoso conjunto de vocales unidas por capas que suben y suben- prolongado para producir un crescendo de gran efecto, permitiendo a las voces de Freeze en el estribillo deslizarse lentamente por debajo del arreglo vocal posterior al puente de Jackson.

En diciembre de 2006, dos canciones producidas por el artista americano de rap Tempamental aparecieron online. Una se titulaba "Gangsta" y la otra "No Friend Of Mine". Ambas, creadas a partir del tema entonces aún inédito de Jackson, "Blue Gangsta", presentaban versos de rap de Tempamental y "No Friend Of Mine" también presumía de incluir un verso de Pras, del grupo *The Fugees*.

Esa fue la primera vez que el público escuchó "Blue Gangsta", aunque de una manera ligeramente imprecisa y reinventada. El remix de Tempamental, "Gangsta", se acerca bastante al arreglo que hizo Jackson, mientras que "No Friend Of Mine" –la más popular de las dos gracias a la aparición de Pras ampliamente publicitada, y el hecho de que fuera publicada en buena calidad vía Myspace- modifica el tema original, reeditando el primer verso de Jackson como el puente de la canción.

Poco después de que aparecieran online, la entonces

manager de Jackson, Raymone Bain, comentó que él no había publicado ninguna música nueva, afirmando que el Rey del Pop no estaba involucrado directamente en ninguno de los dos temas de Tempamental, como Freeze confirmó después.

"Cuando escuché este remix no podía creerlo", recuerda Dr. Freeze. "Mucha gente me llamó para contármelo. No entendía lo que había pasado. Lo preocupante es que ni siquiera sé quién filtró la canción… ¿Por qué lo hicieron?, ¿cuál fue el origen de este rap?, ¿de dónde lo tomaron?. De hecho, no sabíamos nada, ni yo ni Michael. No sabíamos realmente de dónde salió esta filtración".

"['No Friend Of Mine'] no es el título de la canción", añade Freeze. "Es sólo el estribillo, que contiene estas pocas palabras: *'What you gonna do? You ain't no friend of mine'*. Era sólo el estribillo. El título real es 'Blue Gangsta'. Esto resalta la ignorancia de la gente que provoca las filtraciones en internet. Toman la canción y la ponen online sin conocer su origen".

"La canción no fue presentada al público [del modo en que debía haber sido]", explica Freeze. "Alguien simplemente roba la canción, le añade un rap y la sube a Internet. Ni siquiera fui acreditado. [La canción] aterrizó ahí sin más, sin una explicación lógica".

La versión más actualizada de "Blue Gangsta" completada en vida de Jackson, con la que se mostró satisfecho y que incluye todas las modificaciones detalladas aquí, se filtró online a final de 2010. Sin embargo, esa versión actualizada no fue la que se incluyó en el álbum *Xscape* de 2014. En su lugar se publicó una versión anterior que no tiene ninguna de las correcciones que Jackson había deseado incluir; algo que muchos de los antiguos colaboradores del Rey del Pop opinan que no concuerda con su forma evolutiva de trabajar.

"Michael se involucraba en cada matiz de cada sonido del disco", explica Michael Prince, "desde los platillos, pasando por el tambor, hasta las baquetas". Por ejemplo, Brad [Buxer] y Michael se pasaron semanas, si no fueron *meses*, trabajando en conseguir la línea de bajo para 'Hollywood Tonight' del modo en que Michael quería ese sonido. Si esos sonidos se quitan del tema, es como dar un paso atrás respecto a su forma de ver las cosas".

"Él era totalmente coherente. Nunca te habría dicho un día: 'Quita esta parte', para preguntarte al siguiente: '¿Dónde está esa parte?'. Nunca habría hecho eso. Era totalmente congruente. De modo que todo lo que tenías que hacer era mantenerte alerta y te lo pasabas de maravilla trabajando con él. Yo he trabajado con él durante mucho tiempo y ha sido la experiencia más maravillosa".

"Era sin duda la persona más maravillosa con la que podrías soñar trabajar", dice Freeze. Era muy humilde y creativo. De sol a sol, durante todo el día, creaba sonidos, melodías y armonías… Podía hacerlo todo él solo. Michael era realmente un instrumento viviente".

"[Michael] no sólo me enseñó cómo hacer canciones correctamente, sino que también me dio consejos sobre la industria musical en general", añade Freeze. "Era un genio absoluto. Tuve la gran suerte de aprender de uno de los artistas más grandes de todos los tiempos. Intento aplicar sus consejos a los proyectos que emprendo actualmente. Trato de mantener vivo su espíritu artístico. Es como graduarse en la 'Universidad de Michael Jackson'. No existen palabras lo suficientemente elocuentes para describir lo que aprendí [y experimenté durante el tiempo que pasé] con el Rey del Pop".

Xscape a.k.a. Escape

Para poder apreciar el origen y evolución de la canción "Xscape" es importante, en primer lugar, comprender la historia detrás de la relación entre Michael Jackson y sus co-autores –Rodney Jerkins, Fred Jerkins III y LaShawn Daniels- con quienes colaboró para grabar y perfeccionar el tema.

La travesía empezó a principios de 1999, cuando Rodney "Darkchild" Jerkins era uno de los productores más solicitados y prometedores de la industria musical. Después de conseguir reconocimiento trabajando durante algunos años con éxito con artistas tales como Brandy, Monica y Whitney Houston, Jerkins recibió la llamada telefónica de su vida. Era la compositora Carol Bayer Sager. Tenía previsto realizar en su casa de Los Ángeles una jornada sobre composición musical y quería que Jerkins estuviera presente con ella y su colega, el incomparable y único, Michael Jackson.

"Me llamó y dijo que iba a hacer una reunión en su casa sobre composición con Michael Jackson, y quería que hiciera un tema. Yo le dije: '¿En serio?'", recuerda Jerkins, que rápidamente reservó un vuelo desde Nueva Jersey a Los Ángeles para asistir.

"Fui allí y fue una experiencia increíble. Era mi primer día y estaba asombrado. Siempre he escuchado decir a la gente con la que he trabajado, que han trabajado antes con él: 'Cuando conozcas a Michael, va a ser la locura'. Pero yo soy de ese tipo de gente que dice: 'No es para tanto, voy a controlarme. Es sólo un artista más'. Y cuando llegué allí y estuve en su presencia pensé: '¡Caramba, esto es una locura!'".

"El misterio de no verle constantemente en eventos musicales ni en fiestas, esa mística era increíble", explica Jerkins. "Después, cuando ya estábamos en el estudio y nos sentimos cómodos el uno con el otro, fue la cosa mejor del mundo. Nos fuimos haciendo buenos amigos a lo largo de los años y seguimos en contacto y trabajando. Era un gran tipo".

Pero la relación de colaboración que nació de aquella buena amistad estuvo a punto de no llegar a buen término.

"El primer día que se conocieron, Rodney le puso a Michael todos esos discos", recuerda Cory Rooney, amigo de Jerkins, productor y compositor que era entonces Vicepresidente de Sony Records. "Michael decía: 'No es que el hombre no tenga talento, pero todo lo que me pone suena muy típico. Como Brandy y Monica. Yo necesito un nuevo sonido Michael. Muy potente. Y eso fue después de que Rodney le hiciera escuchar veinte discos".

"De modo que Michael volvió a decirme: 'No sé si será lo que estoy buscando'. Y yo estaba seguro de que Rodney Jerkins era el productor que tenía el sonido más contundente y rítmico del momento, aparte de Teddy Riley, que ya lo fue en su momento para Michael. Le respondí: 'Este es tu hombre. Rodney es el que estás buscando'".

Que Rooney creyera que Jerkins podía ser esencialmente el "nuevo Teddy Riley" para Jackson no era coincidencia, ya que Jerkins creció idolatrando el estilo de producción de Riley.

"Teddy Riley fue el productor que cambió mi vida", recuerda Jerkins. "Me acuerdo de cuando tenía once años y trataba de imitarle. Él era todo. Él fue todo para mi carrera. Tener después la oportunidad de conocerle a los catorce años y tocar mi música para él, y que me dijera que yo era lo bastante bueno como para conseguirlo, fue la inspiración y el estímulo extra que necesitaba para saber que era posible; que no era sólo un chico en el sótano tratando de hacer música, sino alguien que podría hacer una carrera de ello".

Riley siguió siendo mentor de Jerkins durante años y fue incluso responsable del primer encuentro entre Jerkins y el Rey del Pop a los dieciséis años, cinco años antes de que tuviera la oportunidad de trabajar realmente con Jackson.

A pesar de sus reservas, basándose en la firme recomendación de Rooney de que Jerkins podía cumplir, Jackson decidió mantener la puerta abierta.

"Así que Michael me dijo: 'Te diré algo, Cory. ¿Crees que a Rodney le importaría que le dijera que necesita reinventarse para mí?'", recuerda Rooney. "Le contesté: 'Por supuesto que no le importaría'. Le dije: 'Hablaré con él y después le hablas tú'".

"Entonces fui a hablar con Rodney y le dije lo que pensaba Michael. Le dije: 'Michael quiere tener una segunda reunión contigo'", continúa Rooney. Y Michael fijó un segundo encuentro y le dijo a Rodney: 'Quiero que vayas a tu estudio y cojas cada instrumento y cada sonido que uses y los tires. Quiero que te inventes sonidos nuevos. Haz lo que tengas que hacer para inventarte nuevos sonidos, aunque eso signifique que tengas que golpear mesas y chocar botellas entre sí para hacerlos. Haz lo que sea para inventártelos y usarlos para crear ritmos potentes para mí'. Michael le lanzó un reto y Rodney lo aceptó".

"Él cambió por completo mi percepción sobre la creatividad musical", explica Jerkins. "Yo solía pensar que hacer una canción era sólo sentarse al piano y escribir secuencias y melodías. Nunca olvidaré esta increíble historia. Michael me llamó y me dijo: '¿Por qué no creamos nuevos sonidos?' Yo le contesté: '¿Qué quieres decir?', y él respondió: 'Alguien creó la batería, ¿de acuerdo? Alguien más creó el piano. ¿Por qué no creamos un nuevo instrumento?'. Estamos hablando de un hombre –de cuarenta años- que ha hecho literalmente todo lo que puedas imaginar, pero aún está lo suficientemente motivado como para decir: 'Quiero crear un instrumento'. Es increíble. Fui a un vertedero local, recogí latas de la basura y cosas así y empecé a golpearlas para tratar de conseguir sonidos. Michael me lo dijo. Me dijo: 'Sal al campo'. Esas fueron sus palabras. Solía decir: 'Ve al campo y encuentra sonidos. No hagas como todos los demás que van a una tienda a comprar aparatos. Ve al campo y consigue sonidos'. De modo que fui al campo y encontré sonidos".

Después de haber entrado en los vertederos llevando grabadoras digitales y de haber reunido una biblioteca de sonidos para usar en sus nuevas composiciones, Jerkins y su equipo no estaban seguros de cómo abordar el proceso de composición para Jackson.

"Rodney me llamó y me dijo: 'Cory, todavía estamos confusos. No sabemos sobre qué escribir. No sabemos qué hacer'", recuerda Rooney. "Y yo había escrito ya mi canción –"She Was Loving Me"- y Rodney dijo: 'Cory, tu has escrito tu canción y a él le gusta. No hace más que ponerla para que la escuchemos. ¿Qué piensas que es lo que le gusta de tu canción?'. Y le contesté: 'Mira, seguí un pequeño consejo de Carol Bayer Sager. Me dijo que Michael es un narrador de historias, que a él le gusta contar historias con su música. Si escuchas "Billie Jean", es una historia. Si escuchas "Thriller", es otra historia. Si escuchas "Beat It", es una historia también. Le gusta contar un relato'".

Jerkins y su equipo empezaron primeramente a trabajar en música para Jackson en *Record One*, en Los Ángeles, donde los antiguos colaboradores de Jackson, Brad Buxer y Michael Prince, junto con Dr. Freeze, ya estaban trabajando en sus propias ideas para el Rey del Pop.

"Rodney hacía sesiones de veinticuatro horas diarias", recuerda Prince. "Incluso llevaron camas para dormir allí. Cuando Rodney se encontraba cansado se echaba un rato y venía Fred a trabajar en las letras. Cuando Fred se cansaba, iba a despertar a LaShawn, que entraba a trabajar en alguna cosa".

"Michael solía llamar al estudio a las dos o las tres de la mañana sólo para preguntar lo que estábamos haciendo", recuerda el hermano de Rodney, Fred Jerkins III. "Estaba motivándonos constantemente para pensar más allá del alcance de nuestra imaginación normal. Era increíble".

"Yo solía dormir en el estudio", recuerda Rodney Jerkins. "En cada estudio que he trabajado me aseguraba de que tenían una cama plegable o algo así para mí, porque me quedaba allí semanas enteras".

"En un momento determinado recuerdo que los ingenieros venían a decirme: 'No podemos seguir así. Nos estamos matando', añade Prince. Y yo pensaba: 'Y que lo digas. ¡Son personas también!' Pero se quedaron allí todo el tiempo que pudieron".

"Él me dijo que si estaba dispuesto a trabajar duramente, podíamos hacer magia juntos. Y eso fue lo que hicimos", recuerda Jerkins. "Fui al estudio, me encerré allí y empecé a crear sin parar cada día".

"Estuvimos en *Record One* quizás durante un mes antes de que Mike llegara, todos teníamos nuestras propias ideas, teníamos nuestras melodías. Todo", recuerda LaShawn Daniels. "Y cuando Mike llegó finalmente fue como si llegara el Presidente. Todo el lugar fue barrido. Entró el servicio de seguridad y aquello era una locura. Entra él en la habitación y, sorprendentemente, nos conocía a cada uno de nosotros y lo que hicimos respecto al proyecto. Mike estaba tan en sintonía con la música en general que las cosas que nos contó todavía me dejan alucinado".

A pesar de las peticiones de nuevos sonidos por parte de Jackson, Cory Rooney le aconsejó a Jerkins que empezara por lo sencillo; que siguiera una fórmula infalible, una forma de hacer música probada y comprobada.

"Le dije a Rodney: 'Empecemos con un ritmo'. Le dije: 'Si estás confuso con el ritmo empieza sólo con esas cuatro notas golpeando el suelo, porque eso nunca sale mal. Crea tus ritmos contando esas cuatro notas en el suelo'. Así surgió el tema 'You Rock My World', y lo demás es historia, porque LaShawn Daniels y todos los demás se dispusieron a escribir la letra".

"Rock My World" surgió porque yo soy un fan del viejo Michael, el de *Off The Wall*, *Thriller* y *The Jackson 5*", explica Jerkins. "Michael me pedía: 'Quiero que salgas ahí fuera, cojas un bate y lo rompas contra un coche y lo samplees'. ¡Y era lo que estaba haciendo! Me hacía ir a los vertederos con una grabadora digital. Yo decía: 'Todo esto está bien. Voy a hacerlo tal como lo dices, pero tu *tienes* que hacer esto otro acá'. Y 'Rock My World' fue, de hecho, la primera canción que escribimos para Michael".

Cuando la demo de "You Rock My World" estuvo lista para que la escuchara Jackson, las sesiones de estudio se trasladaron desde *Record One*, en Los Ángeles, hasta *Sony Studios*, en Nueva York. Allí fue donde Jerkins llamó a Rooney y le invitó a ir al estudio para una escucha.

"Me llamaron a *The Hit Factory* y dijeron: 'Cory, tienes que venir. Creemos que lo hemos conseguido'. Cuando llegué y pusieron 'Rock My World' casi me desmayo", recuerda Rooney. "Pensé que era tan increíble que casi me muero. Me quedé totalmente alucinado".

"Entonces llevé la canción a Michael al Waldorf Astoria (un conocido hotel de cinco estrellas de Nueva York) e hice que la escuchara", continúa Rooney. "¿Y sabes qué?, cuando se la puse me hizo su famosa pregunta: '¿A ti te gusta?'. Yo le contesté: 'Sí, claro que me gusta'. Y él dijo: 'Sí, ya sé que no habrías venido hasta aquí a ponerme la canción si no te *gustara* pero, ¿te gusta de verdad?'. Le miré directamente a los ojos y dije: 'Michael, me encanta. Me encanta este disco'. Y contestó: 'Ok, voy a ser sincero contigo. Me gusta. No sé todavía si me encanta, pero me gusta y voy a seguir adelante'".

"Si Michael está sólo un poco interesado en una canción nunca conseguirás llevarle al estudio para grabarla", explica Rooney. "Siguió adelante con ella y apareció en los Estudios Sony de Nueva York alrededor de una semana después, con Rodney, y ensayaron el tema".

LaShawn Daniels, que fue parte fundamental en la composición de "You Rock My World" y también cantó las vocales en la demo que se presentó a Jackson, recuerda el momento en que su ídolo llegó al estudio para trabajar en la pista.

"Después de escuchar el disco pidió a Rodney que pusiera la pista y dijo: '¿Quién hace las segundas voces?'. Y era yo", recuerda Daniels. "Entonces entré en la sala y Michael (¡Michael Jackson!), que ya estaba dentro, se acerca y dice: 'Rodney, pon la pista'. Rodney contesta: 'Vale'. Entonces Michael me dice: '¿Puedes cantarme la melodía al oído?'. Y yo: '¿En serio?'. Y él: 'Sólo cántala en mi oído'. Así que ahí está *Michael condenadamente genial Jackson* y yo estoy justo a su lado, y me acerco a su oído para empezar a cantar. Entonces me pone la mano en el hombro y dice: 'No. Cambiemos esa parte'. Y yo: '¡Oh, Dios mío!'. Cuando me pidió hacer eso acabó conmigo. Ni siquiera podía continuar y tuve que parar. Le dije: 'Mike, escucha, te agradezco que seas tan genial, pero no puedes serlo tanto conmigo porque no sé de verdad cómo tomármelo. Ni siquiera sé qué hacer ahora mismo, y no puedo concentrarme en las melodías porque estoy cantando para Michael Jackson'. Y él estalló en carcajadas y eso nos relajó a todos".

Una vez todos nos sentimos más cómodos y calmados, Jackson hizo repetir la pista varias veces.

"Estuvo jugando un poco con ella y cantando las primeras líneas", recuerda Rooney. "Después la volvió a poner, la escuchó con su voz en ella y dijo: 'Ok, ¡ahora me gusta! Así que empecemos desde el principio que voy a machacar este disco'. Y todo el mundo se sintió aliviado".

"Le gustaron tanto los coros de LaShawn Daniels que los dejó en 'Rock My World', 'Xscape' y otras canciones en las que trabajaron juntos. Michael hizo las notas principales pero dejó a LaShawn a lo largo de todas las segundas voces. Michael decía: 'Tío, me estás matando, suena genial. ¡Me encanta!'".

Cuando terminaron "You Rock My World", Jackson desafió a su nuevo equipo de colaboradores a que se esforzaran en crear material incluso mejor.

"Esos momentos con Michael y las cosas que nos enseñó; me enseñó a desafiarme a mí mismo", recuerda LaShawn Daniels. "Incluso cuando creamos las melodías de 'Rock My World' y todo lo que hicimos, fue genial. Sabíamos que ese era el disco. Pero volvió y dijo: 'Desafíate a ti mismo. No digo que esto no sea bueno pero, ¿puedes superarlo?, si puedes, entonces habrás llegado a alcanzar incluso una mayor grandeza'".

Para garantizar que se centrarían en su proyecto, y de manera exclusiva, Jackson pagó a Jerkins y a su equipo para que no trabajaran con nadie más que con él.

"Me pidió que me quedara allí durante un tiempo para trabajar en su álbum", recuerda Jerkins. "Había sido preseleccionado para hacer un single con otros siete u ocho artistas y Michael dijo: 'No, no, no. Tienes que centrarte en mi proyecto. Necesito que te centres de verdad en esto'. Yo le contesté: 'Vale, pero tengo facturas que pagar'. Y él me respondió: 'Yo me ocuparé de eso. Dime cuánto te iban a pagar y cuántas canciones son y me ocuparé'. De modo que terminé concentrado sólo en Michael y dejé el trabajo con esos otros artistas".

Y así fue. Jerkins y su equipo volvieron a Nueva Jersey para continuar trabajando en el deseo de Jackson de encontrar sonidos únicos, elaborando intrincadas pistas a partir de los sonidos recogidos por todas partes, incluso aquellas grabaciones primeras en los vertederos. Mientras tanto, Jackson volvió a Los Ángeles con Brad Buxer y Michael Prince para continuar trabajando en canciones que tenían empezadas, como "Speechless" y "The Way You Love Me", así como modificando otras llevadas por otros compositores, como el tema de R. Kelly, "Cry".

"El proceso de trabajar con Michael Jackson era muy intenso, porque me empujaba hasta mi límite creativo", explica Jerkins. "Michael me llamaba a las cuatro de la mañana y me decía: 'Déjame escuchar lo que tienes'. Y yo le contestaba: 'Hum… Ya me iba a dormir'. Pero así era él. Estaba en modo creativo. En la mayoría de los temas que hice con él, las baterías se hicieron a base de materiales del vertedero".

Una de las canciones que brotó de las sesiones de 1999 en Nueva Jersey con Rodney Jerkins, su hermano Fred Jerkins III y LaShawn Daniels fue "Xscape", originalmente firmada "Escape" según el Repertorio de ASCAP (Sociedad Americana de Compositores, Autores y Editores).

El título de la canción ha sido objeto de debate durante mucho tiempo por los fans, cada cual con su propia opinión sobre las razones por las que el título podría haber cambiado la "E" inicial por una "X". Incluso los dos co-autores, los hermanos Rodney y Fred Jerkins, no parecen estar de acuerdo, con Rodney –que produjo el tema- afirmando que fue llamado "Xscape", mientras que Fred –que escribió el estribillo de la canción antes de que la demo fuera incluso terminada- dice que fue siempre "Escape".

"Cuando escribimos la canción no lo hicimos con una "X" entonces", explica Fred Jerkins. "Eso debe haber sido idea de Sony, quizás relacionado con el marketing o algo así".

El primer "Escape" listado en ASCAP cita también al ganador de seis Grammys, el compositor y productor Harvey Jay Mason Jr., como co-autor del tema. "Debe haber sido un error", añade Jerkins respecto a la confusa aparición de Mason en la lista, cuyo nombre fue retirado en las listas posteriores de BMI y ASCAP, donde aparece con el título de "Xscape", así como en las notas del libreto del álbum *Xscape* de 2014.

"'Xscape' fue un tema del que escribí el estribillo", explica Jerkins. "Y no canto nunca en las canciones, pero en esta tuve que cantar en la primera demo, antes de que fuera a parar a LaShawn para la demo final. De modo que tuve que entrar en la cabina y cantarla, y el resto de la canción se construyó a partir de esa idea inicial".

Una primera demo de "Xscape" le fue presentada a Jackson durante una llamada telefónica con Rodney Jerkins. Cuando escuchó lo que había hecho, según Jerkins, se volvió loco.

"Decía: '¡A eso es a lo que me refiero!, ¡de eso es de lo que estamos hablando!'. Le hizo bailar", recuerda Jerkins.

"A Michael le encantaba bailar y siempre me decía: 'Que sea funky'. Así que mantuve esa promesa musical y melódicamente e hicimos canciones up-tempo que le hicieran querer bailar".

Y como le pasó con "She Was Loving Me", de Cory Rooney, unos meses antes, Jackson se enamoró tanto de "Xscape" que quiso empezar a grabarla inmediatamente. Esta vez, sin embargo, en lugar de volar al otro lado del país para grabar las vocales, Rodney Jerkins puso al servicio de Jackson una nueva y brillante tecnología de grabación diseñada por EDnet, que permite a los ingenieros capturar audio en alta calidad a través de la línea telefónica. Jackson, en Los Ángeles, cantó la letra de los coros mientras Jerkins, en Nueva Jersey, los grababa.

"A partir de ese momento hicimos la versión completa de la demo", recuerda Fred Jerkins. "LaShawn estaba presente en todas las demos de las canciones para Michael, hacía un buenísimo trabajo tratando de imitarle. Intentábamos lo mejor que podíamos que Michael escuchara la canción del modo en que podía llegar a ser".

Jackson y Rodney Jerkins conectaron después en Los Ángeles para que Jackson pudiera grabar las vocales principales, cuya letra aún no había sido completada cuando grabó los coros por teléfono.

"Lo que hicimos con Michael, siendo como era un gran compositor", explica el co-autor Daniels, "fue hacer las pistas en las que pusimos el ritmo y las melodías para que él pudiera escuchar la idea básica de lo que queríamos hacer, pero también permitirle formar parte del proceso creativo de la letra".

Del mismo modo que con el resto de su música, Jackson estuvo íntimamente involucrado en cada matiz de "Xscape". A lo largo de los dos años siguientes, Jackson y Jerkins continuaron perfeccionando el tema, añadiéndole nuevos sonidos y sampleos mientras se acercaban poco a poco a su completa finalización.

"Les pido que lo vayan perfeccionando porque [a veces] no lo puedo hacer yo en ese instante, debido a que tengo que continuar con la siguiente canción o la siguiente cosa", explica Jackson. "Ellos piensan algo, trabajando con mis ideas, me lo enseñan y yo les digo si me gusta o no. Ha sido así siempre con casi todo lo que he hecho. Habitualmente co-escribo todos los temas que hago".

"Rodney enviaba la canción a Michael, después hablaba por teléfono con él y éste le ofrecía sugerencias, le decía los cambios que quería hacer y después los hacíamos nosotros", recuerda el ingeniero/productor Brian Vibberts, que trabajó en "Xscape" durante el verano de 1999. "Estuve trabajando en el tema durante un tiempo en el Estudio A de los Estudios Sony Music con Rodney Jerkins".

Vibberts, que trabajó también en el álbum *HIStory*, en 1994-1995 y en la música para su película *Ghosts*, en 1996, dijo que las primeras sesiones de *Invincible* fueron lo opuesto a los proyectos previos de Jackson en cuanto a su presencia física durante el proceso de colaboración.

"Michael no venía tanto al estudio cuando estábamos haciendo 'Xscape' a diferencia de los demás proyectos en los que trabajé con él, en los que estuvo regularmente", dice Vibberts. "Sinceramente, esas sesiones con Rodney fueron lo contrario al glamour. La antítesis de lo que fue *HIStory*".

"Así era nuestro proceso", explica Rodney Jerkins. "De ese modo trabajábamos. Seguíamos en ello hasta que estaba listo. Trabajábamos en ideas añadiendo esto y aquello al tema".

"Cuando trabajábamos en 'Xscape', Michael decía: '¡Busca más profundo! ¿Dónde está el sonido que te va a hacer querer escucharlo una y otra vez?'".

Una cinemática intro hablada, en la cual se puede escuchar a unos guardias de prisión registrando la celda de un interno que descubren que se ha escapado, fue escrita para la canción. "Él las llamaba 'viñetas', yo las llamo 'interludios'", dice Rodney Jerkins.

"Fue un proceso muy divertido, trabajar en este proyecto", recuerda Fred Jerkins. "Nos sentábamos en el estudio de Los Ángeles y actuábamos de verdad haciendo la idea de la intro –haciendo el loco y grabando vídeo y toda esa clase de cosas. Casi como si fuera *nuestro* vídeo de la canción".

Otro interesante añadido a "Xscape" que aportó Jackson fue la línea anteriormente mencionada de la película de 1931, *Little Caesar*, interpretada por Edward G. Robinson: "¿Quieres atraparme? ¡Tendrás que venir a pillarme!".

La frase fue extraída originalmente de la película y sampleada en una versión inédita de la demo de mediados de los 80 de Jackson para "Al Capone". En "Xscape", sin embargo, es Jackson quien pone la voz, acortando la famosa frase: "¿Quieres atraparme? ¡Ven y píllame!".

"Fue idea de MJ [incluir la frase de *Little Caesar*], dice Rodney Jerkins.

A mediados de 2000, el álbum en el que Jackson estaba trabajando parecía estar casi terminado. Había grabado varias canciones fantásticas desde 1998 –como "Break Of Dawn", "A Place With No Name", "Blue Gangsta", "She Was Loving Me", "Speechless", "Cry", "We've Had Enough" (un tema que nació durante la reunión a la que asistieron Jackson y Rodney Jerkins en casa de Carole Bayer Sager en 1999), "You Rock My World" y por supuesto, "Xscape", entre otros- y el proceso de mezclado ya había comenzado.

El músico y productor de gran talento, Stuart Brawley, fue llamado para ayudar al veterano ingeniero de Jackson, Bruce Swedien, con la mezcla del álbum.

"Había terminado de trabajar con Don Henley y el ingeniero de toda la vida de Michael Jackson, Bruce Swedien, estaba buscando a alguien para subir a bordo y ayudarle con la mezcla de lo que pensábamos en aquel momento que era un disco terminado", recuerda Brawley. "Se suponía que iba a ser un proceso de un mes de duración en Los Ángeles y aproveché la oportunidad de poder trabajar con ambos, con Michael y Bruce".

Pero lo que parecía que iba a ser sólo un mes acabó siendo un tiempo mucho más largo.

"Acabaron siendo trece meses de proyecto, porque mientras estábamos mezclando el disco que pensábamos iba a ser *Invincible*, Michael Jackson decidió, durante el proceso de mezclado, que quería empezar a escribir nuevas canciones", recuerda Brawley.

"Nunca estoy feliz con las canciones", explica Jackson acerca de su infinito perfeccionismo cuando creaba música para un nuevo álbum. "Escribo un puñado de canciones, las desecho y escribo más. La gente dice: '¿Estás loco? Esto tiene que entrar en el álbum'. Pero yo digo: '¿Esta es mejor que esa otra?'. Sólo hay setenta y cinco minutos en un CD y los exprimimos hasta el límite".

"Se convirtió en un año fantástico viéndole crear música", dice Brawley, "y al final terminamos con un disco completamente diferente de cómo empezó".

Aunque parte del material inicial –"You Rock My World", "Speechless", "Break Of Dawn" y otros- pasaría la prueba finalmente para el que sería el álbum *Invincible*, la mayoría de los temas que formaron parte del mismo fueron escritos o presentados a Jackson entre 2000 y 2001. Los hermanos Jerkins y LaShawn Daniels continuaron trabajando intensamente en nuevas canciones, mientras que Teddy Riley, que hasta ese momento no había estado involucrado en la producción del disco, se unió al equipo, trabajando en un estudio construido dentro un autobús. El bus estaba aparcado fuera de *The Hit Factory* tanto en Nueva York como en Miami, y Jackson iba de un sitio al otro entre Rodney Jerkins y Riley, mientras que Brad Buxer y Michael Prince trabajaron en estudios improvisados en habitaciones de hotel. Hacia el final del proyecto, Riley trasladó sus sesiones a su estudio de Virginia para terminar su trabajo.

"Era increíble sólo tenerle al otro lado del cristal

cuando estábamos grabando sus vocales", recuerda Brawley, que fue fundamental en la grabación de algunas canciones nuevas, como "Threatened". "Fue un momento 'pellízcame', literalmente, y yo no suelo tenerlos. Era único, simplemente".

"Cuando estas en el estudio y escuchas las vocales de Michael a cappella es cuando verdaderamente empiezas a comprender lo grande que era en realidad", explica Rodney Jerkins de la interpretación de "Xscape". "El modo en que iba construyendo sus coros, cómo abordó la voz principal y lo apasionado que era. Se puede escuchar. Puedes escuchar sus pies golpeando en la cabina mientras está cantando, y también el chasquido de sus dedos".

Durante la segunda fase de la producción del álbum *Invincible*, entre 2000 y 2001, Jackson y Jerkins continuaron trabajando en "Xscape".

"Esperen a que el mundo escuche 'Xscape'", recuerda Jerkins que le decía Jackson. "A MJ le gustaba todo de ella. La energía. La letra. Es una especie de canción profética. Escuchen el puente. Michael dice: *'Cuando me vaya, este mundo problemático ya no me molestará'*. Es poderosa".

"La cuestión con Michael es que él trabaja en una canción durante años", dice Jerkins. "Nunca dejamos de trabajar en 'Xscape'".

"Un perfeccionista tiene que tomarse su tiempo", explica Jackson. "Moldea, esculpe y da forma a su objeto hasta que es perfecto. No puede darlo por terminado hasta que está satisfecho. No puede".

"Si no está bien, la desechas y la haces de nuevo. Hay que trabajar en ella hasta que esté bien. Cuando quede tan perfecta como sea posible, entonces la lanzas. De verdad, tienes que hacerlo correctamente, ese es el secreto. Esa es la diferencia entre un número treinta y un número uno que permanece en el top durante semanas. Tiene que ser bueno. Si lo es, se queda allí arriba y todo el mundo se preguntará cuándo va a bajar".

De hecho, Jackson y Jerkins continuaron trabajando en "Xscape" incluso *después* de que el álbum *Invincible* fuera publicado en octubre de 2001. "Xscape", para sorpresa de muchos que fueron cercanos al proyecto, no fue incluida en la lista final de canciones del álbum.

"Estaba hablando por teléfono con Stuart Brawley después de que me enviara todos los archivos que necesitaba para los conciertos del *30 Aniversario* en el Madison Square Garden", recuerda Michael Prince. "Los necesitaba para la actuación de "You Rock My World", y él me los envió todos. Y estaba esta canción, "Xscape", entre ellos. Le dije a Stuart: '¡Esta canción es increíble!' y él contestó: 'Lo sé. Es una canción impresionante. Me hubiera gustado mucho que la hubieran incluido en el álbum y quitaran alguna otra. Se lo dije a Rodney y a Michael, pero no la van a incluir'. Y después de escucharla pensé lo mismo. Me gustaba de verdad la canción 'Xscape'".

"Tuve una conversación con MJ en 2008 y le pregunté si era fan del grupo británico *Scritti Politti*", cuenta Prince. "Dijo que sí lo era, como yo. Se lo pregunté porque la versión original de 'Xscape' tiene algunos stacattos y sampleos de sonidos de percusión del tipo que usan *Scritti Politti* en su música. Usaban también secuenciación muy innovadora, como hicieron Michael y Rodney Jerkins en 'Xscape'".

"Cuando hicimos inicialmente 'Xscape', Mike pensaba que era de lo mejor que estaba haciendo en aquel momento", recuerda Rodney Jerkins. "Entonces le pregunté: Michael, ¿cómo es que no va a estar 'Xscape' en *Invincible*? Y Michael me dijo: 'No... no la quiero en este proyecto. La quiero en el *siguiente*".

"Michael fue muy claro diciéndome que algún día tenía que salir esa canción", dice Jerkins. "Era una de sus favoritas".

"Era una de esas canciones que él me dijo específicamente que 'tiene que ver la luz del día en algún momento".

"Se sentía obligado a dejar que sus fans la escucharan. ¿De qué sirve que una canción que a Michael realmente le gustaba esté guardada en alguna caja fuerte?".

Finalmente, "Xscape" fue filtrada online a finales de 2002, para decepción de Jackson. Estaba tan enfadado porque una de sus canciones más queridas se hiciera pública antes de estar acabada, que hizo que su representante emitiera una declaración rogando a sus fans que no compartieran ese archivo ilegal. Para entonces, sin embargo, la canción ya se había difundido y el daño estaba hecho.

"La realidad es que te enfadas cuando sale algo que se supone que no debería salir", explica Fred Jerkins sobre la filtración de "Xscape". "Quieres que salga del modo correcto y darle la mejor oportunidad de hacer lo que haga falta. Pero al mismo tiempo, como fan -dejando a un lado la perspectiva del autor- estás contento de que salga, y ves a los demás contentos también".

Reflexionando sobre su trabajo en "Xscape" y el proyecto *Invincible* con él, Rodney Jerkins y LaSawn Daniels recuerdan sobre todo de Jackson su deseo de ser grande.

"Michael personificaba la grandeza en todo lo que hacía", dice Jerkins. "No sólo como artista, sino también como humanitario, como persona. Esa era su vida. Todo lo que quería era ser grande y abogaba por ello siempre".

Como se ha citado en múltiples ocasiones en este libro, el lema de Jackson desde joven era: "Estudia a los grandes y te convertirás en el más grande", y a lo largo de sus cuatro décadas de carrera, esa búsqueda de la grandeza nunca se desvaneció. Del mismo modo en que su anterior manager, Ron Weisner, había sido testigo veinte años atrás, Rodney Jerkins pudo ser testigo de la misma situación mientras trabajaba con él, viendo como Jackson continuaba estudiando cintas de vídeo de sus ídolos.

"Michael estaba en la sala mirando reportajes de

Jackie Wilson, James Brown y Charlie Chaplin", recuerda Jerkins. "Y tenía cuarenta años cuando trabajábamos juntos. Yo entraba y le decía: '¿Qué haces?', y él contestaba: 'Estoy estudiando'. Y tenga en cuenta esto, él tenía todos esos Grammys y millones de discos vendidos, y le pregunté: '¿Para qué estás estudiando?', y él contestó: 'Uno nunca deja de estudiar a los grandes'. Y esa fue una lección muy importante para mí, siendo alguien que estaba empezando, escucharle decir eso y ser testigo de ello".

"Para Mike no había nada mejor que ser grande", coincide LaSawn Daniels. "En todo lo que hagas, tienes que ser bueno, esa fue una de las lecciones más grandes que nos enseñó… Es aleccionador formar parte de su legado".

"[Michael] era el genio más creativo e innovador que ha pisado la faz de la Tierra", concluye Jerkins. "Y era realmente un buen hombre. Pasé mucho tiempo dentro y fuera del estudio con Michael y fue un gran hombre".

"Trabajar con él fue la mejor experiencia de mi vida".

Fuentes

LOVE NEVER FELT SO GOOD
"Conocí a Michael Jackson": Paul Anka, "*XSCAPE*, Michael Jackson, Los Colaboradores". Epic Records. 9/05/2014. https://www.youtube.com/watch?v=YKYfzdjyPW0 (Acceso al enlace: 12/06/2014).
"Sabía que tenía un inmenso talento": Paul Anka, *My Way: An Autobiography* (St. Martin's Griffin, 2014), Extracto de Vanity Fair, 9/04/2013. http://www.vanityfair.com/unchanged/2013/05/paul-anka-excerpt-my-way (Acceso al enlace: 10/04/2013).
"Su familia solía ir": Paul Anka, "*XSCAPE*, Michael Jackson, Los Colaboradores". 2014.
"Era una familia muy motivada hacia el mundo de la escena": Paul Anka, *My Way: An Autobiography* (St. Martin's Griffin, 2014), Extracto de Vanity Fair, 9/04/2013.
"El cual manejaba Michael": Ron Weisner. *Listen Out Loud: A Life in Music. Managing McCartney, Madonna and Michael Jackson* (Lyon Press, 2014), 93-95.
"Ponía vídeos caseros": Ibid.
"Michael no podía parar de estudiar": Ibid.
"Michael empezó conmigo": Paul Anka. Entrevista *The View*, Octubre 2009. https://www.youtube.com/watch?v=IfRznr_32HQ (Acceso al link: 12/06/2014).
"Pasábamos mucho tiempo en mi estudio": Paul Anka, "*XSCAPE*, Michael Jackson, Los Colaboradores". 2014.
"Michael y yo empezamos a trastear con las canciones": Paul Anka, entrevista en *The View*, octubre 2014.
"Mientras estábamos grabando": Ibid.
"Yo estaba en un despacho de abogados unos años más tarde": Ibid.
"Love Never Felt So Good… letra y música": Biblioteca del Congreso. *United States Copyright Office Public Catalog*, Nº de registro: Pau000525794 (Acceso 12/05/214).
"Michael era algo estremecedor de ver": Kathy Wakefield, entrevista con el autor. 10/05/2014.
"Era un momento de gran creatividad": Ibid.
"El trabajo y la presencia de Michael": Ibid.
"Lo que sucedió fue que Michael": Paul Anka, entrevista en *The View*, octubre 2009. Nota: Anka está contestando a una pregunta sobre la canción "I Never Heard" a.k.a. "This Is It". Su respuesta se refiere a "cintas" (en plural) que también incluyen la de "Love Never Felt So Good".
"El cambio en los acordes": Paul Anka, "*XSCAPE*, Michael Jackson, Los Colaboradores". 2014.
"Michael aportó mucho más a la pista básica": Ibid.

SHE WAS LOVING ME a.k.a. CHICAGO
"Michael nos invitó al estudio": Cory Rooney, entrevista con el autor. 12/11/2012.
"Que Michael quisiera desvelar algo de su música": Ibid.

XSCAPE ORIGINS

∙ ∙ ∙ ∙ ∙ ∙

"Estábamos Tommy Mottola...": Ibid.
"Michael nos prometió": Ibid.
"De modo que llegué": Ibid.
"[A Michael] le encanta contar una historia": Ibid.
"Tommy entró al estudio": Ibíd.
"Tommy recibió una demo muy tosca y básica": Ibid.
"En realidad no creía que fuera una buena idea": Ibid.
"Tommy la envió el jueves": Ibid.
"Ya había logrado grandes éxitos": Ibid.
"A veces, gente como Marc Anthony": Ibid.
"Rebobina": Ibid.
"Yo estaba asombrado": Ibid.
"La canción 'She Was Loving Me'": Ibid.
"Son dos tipos diferentes de vocal": Cory Rooney, entrevista con el autor. 29/08/2013.
"Era muy educado": Cory Rooney, entrevista con el autor. 12/11/2012.
"Pensé que era increíble": Ibid.
"De hecho, yo esperaba": Ibid.
"Estaba en la cabina": Cory Rooney, entrevista con el autor. 29/08/2013.
"Sus vocales eran muy suaves": Cory Rooney, entrevista con el autor. 30/08/2013.
"Cuando Bruce Swedien grababa": Cory Rooney, entrevista con el autor. 21/11/2012.
"Algunos cantantes entran y salen": Cory Rooney, entrevista con el autor. 29/08/2013.
"Le dije: 'Michael, ¿a qué hora?'": Cory Rooney, entrevista con el autor. 12/11/2012.
"Normalmente, si estás trabajando": Ibid.
"Me envió una cesta": Ibid
"La nota decía": Ibid.
"Se podía sentir la magia": Ibid.
"Michael compiló las vocales finales": Cory Rooney, entrevista con el autor. 30/08/2013.
"Si vuelves a escuchar": Cory Rooney, entrevista con el autor. 12/11/2012.
"Michael me mando a reunirme con Brad": Cory Rooney, entrevista con el autor. 30/08/2013.
"Pasamos mucho tiempo": Cory Rooney, entrevista con el autor. 12/11/2012.
"Hubo un gran despliegue": Ibid.
"Podría haberme aprovechado": Ibid.
"Yo estaba en la oficina de Mottola": Ibid.
"Me tocó a mí terminar la música": Ibid.
"No es que no tenga talento": Ibid.
"Antes de darse cuenta, el disco estuvo hecho": Ibid.
"A Mottola le gustaba jugar": Ibid.
"Michael se acercó a mí personalmente": Ibid.
"La última vez que hablé con él": Cory Rooney, entrevista con el autor. 30/08/2013.
"En esa última conversación": Ibid.
"La versión en la que Taryll y yo": Ibid.
"She Was Loving Me": BMI Repertorio. BMI #4700587 (Acceso 4/12/2014).

"¿Por qué elegiste Chicago?": Cory Rooney, entrevista con el autor. 24/06/2014.
"Porque suena mejor": Ibid.
"La conocí camino de San Francisco": Ibid.
"¿Lo ves?, Te lo dije": Ibid.
"Chicago es la única ciudad que funciona": Ibid.
"Pero la canción nunca se tituló Chicago": Ibid.

LOVING YOU
"Unas veces sucede rápidamente": Michael Jackson, entrevista con Darryl Dennard, "Ebony/Jet Showcase", Ebony. Emitida en 13/11/1987. https://www.youtube.com/watch?v=Dg6Xa8zadLQ (Acceso al enlace: 17/01/2015).
"A Michael le gustaban los estudios pequeños": Matt Forger, entrevista con el autor. 13/04/2014.
"Aparece como un pensamiento": Michael Jackson, entrevista con niños árabes. Julio 1996. https://www.youtube.com/watch?v=T4ESHSllEs8 (Acceso al enlace: 17/01/2015).
"John Barnes tocó": Matt Forger, entrevista con el autor. 13/04/2014.
"¿Escuchas la distorsión de la cinta?": Timbaland, Xscape (Deluxe edition) DVD, Epic Records 2014.
"La hice con el Synclavier": John Barnes, entrevista con el autor. 27/06/2014.
"Michael siempre estaba buscando": Matt Forger, "Michael Jackson Xscape, Los Colaboradores". Epic Records. 6/05/2014. https://www.youtube.com/watch?v=4VNclQlQjg4 (Acceso al enlace14/05/2014).
"Él llegaba y decía": Ibid.
"Emergencia": Michael Jackson. Nota manuscrita. 5/03/1985.
"Trabajó con Michael en una canción llamada 'Tomboy'": John Barnes, entrevista con el autor. 20/01/2015.
"Roger tocó bien[en 'Tomboy']": Ibid.
"Era una buena canción": Matt Forger, entrevista con el autor. 13/04/2014.
"Nunca volvimos a pensar": John Barnes, entrevista con el autor. 27/06/2014.

A PLACE WITH NO NAME
"Lo menos que puedo decir es": Michael Jackson, entrevista con Black and White magazine, 1998. http://maljas.republika.pl/wywiady/bw.html (Acceso al enlace: 12/05/2014).
"Yo conocía a su manager [de Jackson]": Elliot Straite a.k.a. "Dr. Freeze". Entrevista con Quagmire "MEETING MICHAEL WAS LIKE MEETING CAPTAIN KIRK", MJFrance, enero 2011. Nota: Traducción completa de la entrevista publicada en MJFrance: http://michaeljacksonbeat.blogspot.com.au/2011/02/dr-freeze-on-michael-jackson.html (Acceso: 4/12/2013).
"Le presenté muchas canciones": Ibid.

FUENTES

• • • • • •

"Fue una prueba aterradora para mí": Ibid.
"Michael y yo tenemos facilidad para la melodía": Ibid.
"'A Place With No Name' es una especie de escapada": Ibid.
"La canción fue inspirada por": Ibid.
"Michael conocía a los chicos del grupo America": Michael Prince, entrevista con el autor. 4/02/2015.
"A America le encantó la idea": Dr. Freeze, MJFrance. Enero 2011.
"Era 1963, cuando estaba en sexto grado": Dewey Bunnell, "Ventura Highway America 1972", L.A. Times. 1/10/2006. http://articles.latimes.com/2006/oct/01/entertainment/ca-socalsong01 (Acceso: 5/02/2015).
"Michael normalmente se iba a la misma hora": CJ deVillar, entrevista con el autor.20/05/2014.
"Vi a Michael aparecer por el estudio": Ibid.
"Um...no, Mike": CJ deVillar, "Working with Michael Jackson," Songwerx.com, Agosto 2009. http://songworx.com/working-with-michael-jackson-studio (Acceso: 4/12/2013).
"Tenía a Michael delante de mi cara": CJ deVillar, entrevista con el autor. 20/05/2014.
"No habría sucedido": Ibid.
"Toqué un total de cinco o seis veces": CJ deVillar, "Working with Michael Jackson," Songwerx.com, Agosto 2009.
"La sesión entera no duró": CJ deVillar, entrevista con el autor. 20/05/2014.
"Nunca le vimos hacer sus ejercicios vocales": Dr. Freeze, MJFrance. Enero 2011.
"Cantaba muy bien": CJ deVillar, entrevista con el autor. 20/05/2014.
"El fuego que salía": Ibid.
"Fue algo así como una puesta en común": Michael Prince, entrevista con el autor. 4/12/2013.
"Habitualmente, yo estaba trabajando": Ibid.
"Estábamos muy contentos en Record One": Ibid.
"Tardamos varios días en hacer copias": Ibid.
"Ha ido mejorando gradualmente": Dr. Freeze, MJFrance. Enero 2011.
"Michael siempre se ha centrado": Nadir Khayat a.k.a. "RedOne", entrevista con Mike Collett-White, "Star producer RedOne eyes Michael Jackson release," Reuters, January 21, 2010 http://www.reuters.com/article/2010/01/21/us-jackson-producer-idUSTRE60K43120100121 (Acceso: 4/12/2013).
"Tchaikovsky ha sido mi mayor influencia": Michael Jackson, entrevista con Bryan Monroe, "Michael Jackson: 25 Years After Thriller," Ebony, diciembre 2007.
"Michael tenía canciones favoritas": Michael Prince, entrevista con el autor. 4/12/2013.

"Neff-U había trabajado inicialmente con Michael": Ibid.
"Comparada con la versión de 2004": Ibid.
"El crédito por el bajo es el momento más culminante de mi carrera": CJ deVillar, entrevista con el autor. 20/05/2014.
"Estuve en su estudio con él": Dr. Freeze, MJFrance. Enero 2011.
"A él le gustaron mucho [las canciones]": Ibid.
"Nos sentimos honrados de que Michael Jackson decidiera grabarlo": Dewey Bunnell y Gerry Beckley, "America 'Honored' By Michael Jackson's 'A Place With No Name' Sample," MTV News. 20/07/2009. http://www.mtv.com/news/1616540/america-honored-by-michael-jacksons-a-place-with-no-name-sample (Acceso: 4/12/2013).
"También esperamos que sea publicado": Ibid.

SLAVE TO THE RHYTHM

"El premio reconoce a una persona": Frances Preston, cita de Greg Braxton, "MORNING REPORT (Pop/rock)," L.A. Times, May 8, 1990 http://articles.latimes.com/1990-05-08/entertainment/ca-25_1_michael-jackson (Acceso: 20/08/2014).
"Yo era un niño, Michael lo era también": Antonio "L.A." Reid, entrevista con Joe Levy "Bringing Michael Back: The Inside Story Of Jackson's New Album," Billboard. 10/05/2014.
"Le estreché la mano, nos hicimos una foto": Ibid.
"Estuvimos allí quizás unos cinco minutos": Ibid.
"Me gusta bailar": Michael Jackson, "Michael Jackson's Private Home Movies," Fox Television Network, 24/04/2003.
"Soy un esclavo del ritmo": Michael Jackson, TV Guide, noviembre 2001.
"Cada canción que él nombraba estaba escrita": L.A. Reid, "Bringing Michael Back: The Inside Story Of Jackson's New Album," Billboard, 2014.
"Había un acomodador allí completamente uniformado": Ibid.
"Ésta es": Ibid.
"Grabó la vocal entera": Ibid.
"Él cantaba la canción y decía": Ibid.
"Cuando lo conseguimos no salió a la superficie": L.A. Reid, Xscape (Deluxe edition) DVD, 2014.
"Eran ideas que se fijaban en su mente": Michael Prince, entrevista con el autor. 8/09/2013.
"De hecho, recuerdo que trabajamos un poco" Ibid.
"Recuerdo a MJ poniéndome esa canción": Rodney Jerkins, entrevista con el autor. 16/08/2013.
"Me llamó 'Señor Presidente'": L.A. Reid, "Bringing Michael Back: The Inside Story Of Jackson's New Album," Billboard, 2014.

XSCAPE ORIGINS

• • • • • •

"No quiero hacer otro disco simplemente": Ibid.
"Lo que Jackson significa para mí es": L.A. Reid, Xscape (Deluxe edition) DVD, 2014.

DO YOU KNOW WHERE YOUR CHILDREN ARE
"Como es habitual, [Michael] va al estudio": Quincy Jones, Bad (Special edition), Epic Records, 2001.
"Bad es el álbum donde le pedí": Ibid.
"Michael había escrito treinta y tres canciones": Ibid.
"Fue una de las canciones con las que comenzamos el álbum Bad": Matt Forger, entrevista con el autor, 28/05/2014.
"Había un anuncio de televisión": Ibid.
"Había muchos problemas entonces": Ibid.
"La canción trata de unos niños criados en una familia rota": Michael Jackson, nota manuscrita citada en el libreto del álbum Xscape, escrito por Joseph Vogel. Epic Records, 2014.
"Cuando era niño y estábamos sentados viendo la televisión": Katherine Jackson. "Entrevista exclusiva con Katherine Jackson, madre de Michael Jackson". Windy City Live, 23/07/2014. http://windycitylive.com/episodes/Exclusive-interview-with-Katherine-Jackson-Michael-Jacksons-mother/9541879 (Acceso al enlace: 20/08/2014).
"Nos llamó para ir a Nueva York": Ibid.
"Lo primero que tienes que hacer": Matt Forger, entrevista con el autor, 28/05/2014.
"Michael escribió muchas canciones durante esa época": Ibid.
"A veces, cuando te aproximas a la gente": Ibid.
"Observaba situaciones o escuchaba sobre algunas cosas": Ibid.
"Fuimos ambos, Bill Bottrell y yo": Ibid.
"Bill y yo nos alternábamos": Ibid.
"Según fuera la gente que trabajaba con Michael": Bill Bottrell, entrevista con Richard Buskin, "Classic Tracks: Michael Jackson 'Black Or White,'" Sound on Sound, Agosto 2004. http://www.soundonsound.com/sos/aug04/articles/classictracks.htm (Acceso al enlace: 28/01/2015).
"Yo era una influencia que él no habría tenido de otra manera": Ibid.
"Él tiene un instinto musical muy preciso": Ibid.
"Mi objetivo era entender lo que Michael": Matt Forger, entrevista con el autor, 10/03/2014.
"Una canción se crea a sí misma": Michael Jackson, declaración ante el tribunal de Mexico. 8/11/1993. https://www.youtube.com/watch?v=Jf5xsXWneQs (Acceso al enlace: 23/01/2015).
"Es un modo de hacerlo bastante poco habitual": Bill Bottrell, "Classic Tracks: Michael Jackson 'Black Or White,'"
Sound on Sound, Agosto 2004.
"Cuando vives en esta ciudad": Matt Forger, entrevista con el autor, 28/05/2014.
"Estábamos en el estudio hasta última hora de la noche": Ibid.
"Soy muy sensible a su sufrimiento": Michael Jackson, entrevista con Martin Bashir, "Living With Michael Jackson", ITV (Reino Unido) 3/02/2003.
"Hoy en día los niños son alentados constantemente a crecer más deprisa": Michael Jackson, discurso en la Universidad de Oxford, marzo 2001. https://www.youtube.com/watch?v=3Le4RFJCcr8 (Acceso al enlace: 13/01/2015).
"La nuestra es una generación que ha sido testigo": Ibid.
"Michael a veces cantaba canciones": Matt Forger, entrevista con el autor, 28/05/2014.
"Después, por supuesto, llegaba el momento de poner las diferentes capas de vocales": Ibid.
"Es interesante cuánto trabajo y colaboración": Brad Sundberg, entrevista con el autor, 10/12/2014.
"'Why You Wanna Trip On Me', musicalmente hablando, era un tema de Teddy Riley": Matt Forger, entrevista con el autor, 28/05/2014.
"Creo que 'Why You Wanna Trip On Me' era": Ibid.
"No recuerdo nada en particular" Ibid.
"Obviamente, canciones que están en HIStory": Ibid.
"Déjame decirlo de esta manera": Ibid.

BLUE GANGSTA
"Le enseñé muchas canciones": Dr. Freeze, MJFrance, enero 2011.
"Con 'Blue Gangsta' quise hacer": Ibid.
"Era una canción de amor, pero en esa época": Dr. Freeze, "XSCAPE documentary 2.0". Epic Records, 7/07/2014. https://www.youtube.com/watch?v=_-FsyL7WX88 (Acceso al enlace 8/07/2014).
"La canción era impresionante": Michael Prince, entrevista con el autor. 11/09/2014.
"Michael era el perfeccionista más grande del mundo": Brad Buxer, entrevista con el autor. 14/01/2015.
"Eric hizo un trabajo de percusión maravilloso": Ibid.
"Tipos de percusión industrial": Michael Prince, entrevista con el autor. 14/01/2015.
"Debía estar al máximo de su potencia en aquel momento": CJ deVillar., entrevista con el autor. 20/05/2014.
"Su entonación es una locura, tío. ¡Una locura!: Ibid.
"Cuando grabó 'Blue Gangsta'": Ibid.
"Freeze ponía todos su coros primero": Michael Prince, entrevista con el autor.

FUENTES

• • • • • •

30/11/2014,
"Fue un trabajo gradual": Dr. Freeze, MJ-France. Enero 2011.
"Cuando escuchas el playback": "At Large With Geraldo Rivera", Fox Television Network. 5/02/2005.
"Cuando volvió al estudio": Dr. Freeze, MJ-France. Enero 2011.
"Lo instalamos para que Michael": Michael Prince, entrevista con el autor. 10/02/2015.
"Así es como lo conseguimos": Ibid.
"Fabuloso... Fabuloso": Brad Buxer. Grabación telefónica entre Michael Jackson y Brad Buxer. 6/03/1999.
"¿Entiendes lo que quiero decir, Brad?": Grabación telefónica entre Michael Jackson y Brad Buxer. 6/03/1999.
"Como ya dije, quiero hacer": Dr. Freeze, MJFrance. Enero 2011.
"Era nuestro objetivo: el nuevo 'Smooth Criminal'": Ibid.
"Michael solía crear sonidos": Dr. Freeze, "XSCAPE documentary 2.0" 2014.
"Me han influido culturas musicales": Michael Jackson, entrevista con niños árabes. Julio 1996.
"Cuando escuché este remix": Dr. Freeze, MJFrance. Enero 2011.
"['No Friend Of Mine'] no es el título de la canción": Ibid.
"Michael se involucraba en cada matiz": Michael Prince, entrevista con el autor. 11/09/2014.
"Él era totalmente coherente": Brad Buxer. "At Large With Geraldo Rivera". Fox Television Network. 5/02/2005.
"Era sin duda la persona más maravillosa": Dr. Freeze, MJFrance. Enero 2011.
"Michael no sólo me enseñó": Ibid.

XSCAPE a.k.a. ESCAPE
"Me llamó y dijo": Rodney Jerkins, entrevista con Pearl Jr. "Michael Jackson's Producer, Rodney Jerkins, Read His Lips (XSCAPE)", 1/04/2014. https://www.youtube.com/watch?v=z9bmdPrMJp0 (Acceso al enlace: 30/04/2014).
"Fui allí y fue una experiencia increíble": Rodney Jerkins, entrevista con Extra. 6/07/2009. https://www.youtube.com/watch?v=0pP2XQ_aeoM (Acceso al enlace:12/04/2014).
"El misterio de no verle": Ibid.
"El primer día que Rodney conoció a Michael": Cory Rooney, entrevista con el autor. 12/11/2012.
"De modo que Michael volvió": Ibid.
"Teddy Riley fue el productor que cambió mi vida": Rodney Jerkins, "Starting Out: In The Studio With Rodney Jerkins", NUVOtv, 26/07/2013. https://www.youtube.com/watch?v=Jg-8Itda7oI (Acceso al enlace: 12/04/2014).
"Así que Michael me dijo: 'Te diré algo'": Cory Rooney, entrevista con el autor. 12/11/2012.

"Él cambió por completo mi percepción": Rodney Jerkins, entrevista en el estudio, CNN. 20/06/2009. https://www.youtube.com/watch?v=UZeX4pJwy0o (Acceso al enlace: 12/04/2014).
"Rodney me llamó y me dijo": Cory Rooney, entrevista con el autor. 12/11/2012.
"Rodney hacía sesiones de veinticuatro horas diarias": Michael Prince, entrevista con el autor. 4/12/2013.
"Michael solía llamar al estudio a las dos o las tres de la mañana": Fred Jerkins III, entrevista con el autor. 15/01/2015.
"Yo solía dormir en el estudio": Rodney Jerkins, NUVOtv, 26/07/2013.
"En un momento determinado recuerdo que los ingenieros": Michael Prince, entrevista con el autor. 4/12/2013.
"Él me dijo que si estaba dispuesto a trabajar duramente": Rodney Jerkins, entrevista con Pearl Jr. 1/04/2014.
"Estuvimos en Record One quizás durante mes antes de que llegara Mike": LaShawn Daniels, "LaShawn Daniels Talks Michael Jackson's Invincible Album & What He Learned From The King of Pop," Kempire Radio, 11/11/2012. https://www.youtube.com/watch?v=bEiEaf6Oeho (Acceso al enlace: 12/04/2014).
"Le dije a Rodney: 'Empecemos con un ritmo'": Cory Rooney, entrevista con el autor. 12/11/2012.
"'Rock My World' surgió porque yo soy un fan del viejo Michael": Rodney Jerkins, "BMI Panel RODNEY JERKINS (Part 2) Talks about Michael Jackson," BMI Panel, 13/02/2008. https://www.youtube.com/watch?v=qGLqhjnHHM0 (Acceso al enlace: 12/04/2014).
"Me llamaron a The Hit Factory": Cory Rooney, entrevista con el autor. 12/11/2012.
"Entonces llevé la canción a Michael": Ibid.
"Si Michael está sólo un poco interesado": Ibid.
"Después de escuchar el disco": LaShawn Daniels, Kempire Radio, 11/11/2012.
"Estuvo jugando un poco con ella": Cory Rooney, entrevista con el autor. 12/11/2012.
"Le gustaron tanto los coros de LaShawn Daniels": Ibid.
"Esos momentos con Michael": LaShawn Daniels, Kempire Radio, 11/11/2012.
"Me pidió que me quedara allí": Rodney Jerkins, BMI Panel, 13/02/2008.
"El proceso de trabajar con Michael": Rodney Jerkins, "Rodney Jerkins Tells All About Interracial Dating, Working With Brandy and Michael Jackson," BOSSIP, 30/08/2013. https://www.youtube.com/watch?v=9KMmKRSG6uc (Acceso al enlace: 12/04/2014).
"Escape": ASCAP (Sociedad Americana de Compositores, Autores y Editores).

XSCAPE ORIGINS
• • • • • •

Repertorio: ID: 350304753.

"Xscape": Rodney Jerkins, en respuesta a un tweet sobre el título original de la canción. Twitter, 31/03/2014. https://twitter.com/rodneyjerkins/status/450655570740011008 (Acceso al enlace: 12/13/2014).

"Cuando escribimos la canción": Fred Jerkins III, entrevista con el autor. 15/01/2015.

"Debe haber sido un error": Ibid.

"'Xscape' fue un tema del que escribí": Ibid.

"Decía: '¡A eso es a lo que refiero!'": Rodney Jerkins, entrevista con Joseph Vogel, "The Return of the King", Slate, 13/05/2014. http://www.slate.com/articles/arts/culturebox/2014/05/rodney_darkchild_jerkins_produces_michael_jackson_s_song_xscape.html (Acceso al enlace: 14/05/2014).

"A Michael le encantaba bailar": Rodney Jerkins, entrevista con Anderson Cooper, CNN. 4/09/2009. https://www.youtube.com/watch?v=3Z75AsEg674 (Acceso al enlace: 12/04/2014).

"A partir de ese momento": Fred Jerkins III, entrevista con el autor. 15/01/2015.

"Lo que hicimos con Michael": LaShawn Daniels, Kempire Radio, 11/11/2012.

"Les pido que lo vayan perfeccionando": Michael Jackson, entrevista con niños árabes. Julio 1996.

"Rodney enviaba la canción a Michael": Brian Vibberts, entrevista con el autor, 10/01/2015.

"Michael no venía tanto al estudio": Ibid.

"Así era nuestro proceso": Rodney Jerkins, "The Return of the King", Slate, 13/05/2014.

"Cuando trabajamos en 'Xscape'": Rodney Jerkins, "XSCAPE documentary 2.0", 2014.

"Él las llamaba viñetas": Rodney Jerkins, "The Return of the King", Slate, 13/05/2014.

"Fue un proceso muy divertido": Fred Jerkins III, entrevista con el autor. 15/01/2015.

"Fue idea de MJ": Rodney Jerkins, entrevista con el autor. 23/10/2014.

"Había terminado de trabajar con Don Henley": Stuart Brawley, entrevista con Jian Ghomeshi, "Q", CBC radio. 2009. http://www.stuartbrawley.com/resources/StuartBrawleyQRadioInterview.mov (Acceso al enlace: 12/04/2014).

"Acabaron siendo trece meses de proyecto": Ibid.

"Nunca estoy feliz con las canciones": Michael Jackson. "Michael In The Mirror," USA TODAY, December 14, 2001 http://usatoday30.usatoday.com/life/music/news/2009-06-26-mj-archive_N.htm (Acceso al enlace: 12/05/2015).

"Se convirtió en un año fantástico": Stuart Brawley, "Q", CBC. 2009.

"Era increíble sólo tenerle": Ibid.

"Cuando estás en el estudio": Rodney Jerkins, "XSCAPE documentary 2.0", 2014.

"Esperen a que el mundo escuche 'Xscape'": Michael Jackson citado por Rodney Jerkins en el libreto de "Xscape". 2014.

"La cuestión con Michael es": Rodney Jerkins. "Bringing Michael Back: The Inside Story Of Jackson's New Album", Billboard. 2014.

"Un perfeccionista tiene que tomarse su tiempo": Michael Jackson, "Moonwalk". (United Kingdom: Heinemann, 1988), 215-216.

"Si no está bien, la desechas": Ibid.

"Estaba hablando por teléfono con Stuart Brawley": Michael Prince, entrevista con el autor. 11/09/2014.

"Tuve una conversación con MJ": Michael Prince, entrevista con el autor. 18/05/2014.

"Cuando hicimos inicialmente 'Xscape'": Rodney Jerkins, "An Oral History Of Michael Jackson's Xscape Album", Vibe, 12/05/2014. http://www.vibe.com/photo-gallery/oral-history-michael-jacksons-xscape-album (Acceso al enlace: 14/05/2014).

"Michael fue muy claro diciéndome": Rodney Jerkins, "Michael Jackson 2nd posthumous album Xscape released", CBS News. 13/05/2014. http://www.cbsnews.com/news/michael-jackson-2nd-posthumous-album-xscape-released/ (Acceso al enlace: 14/05/2014).

"Era una de esas canciones": Rodney Jerkins, entrevista con Mesfin Fekadu, "Rodney 'Darkchild' Jerkins Dishes On Michael Jackson's Posthumous Album, Xscape", Huffington Post. 3/05/2014. http://www.huffingtonpost.com/2014/05/03/rodney-darkchild-jerkins-posthumous-michael-jackson-xscape_n_5258854.html (Acceso al enlace: 14/05/2014).

"Se sentía obligado a dejar que sus fans la escucharan": Rodney Jerkins, Vibe. 12/05/2014.

"La realidad es que te enfadas": Fred Jerkins III, entrevista con el autor. 15/01/2015.

"Michael personificaba la grandeza en todo": Rodney Jerkins, "XSCAPE documentary 2.0", 2014.

"Michael estaba en la sala": Ibid.

"Para Mike no había nada mejor que ser grande": LaShawn Daniels, Kempire Radio, 11/11/2012.

"Michael era el genio más creativo": Rodney Jerkins, CNN, 4/09/2009.

"Trabajar con él fue la mejor experiencia de mi vida": Rodney Jerkins, BOSSIP, 30/08/2013.

Agradecimientos

James Alay, gracias por absolutamente todo.

Gracias Michael Prince, Matt Forger, Cory Rooney, John Barnes, CJ deVillar, Brian Vibberts, Fred Jerkins III, Rodney Jerkins, Brad Buxer, Dr. Freeze, Kathy Wakefield, Brad Sundberg, Jamon Bull, Dan Villalobos, Wilson, Dylan Curtis, Maleika Halpin, Roshni Sadhwani, Charles Thomson, Tristan Jackson, Scott Ingram, Darren Hayes, Adam Brisson, Raul Sadhwani, Senadin Selimovic, Bianca Barker, Megan Lillian.

Gracias a todos los colaboradores de Michael Jackson: Paul Anka, Ron Weisner, Dewey Bunnell, Gerry Beckley, RedOne, L.A. Reid, Quincy Jones, Bill Bottrell, LaShawn Daniels, Stuart Brawley, Lynton Guest, Joseph Vogel, Jarletta, Stephen Ward, Debbie Brunettin.

Especial agradecimiento a: Jack Dixon, Josh Whittaker, Andrew Philip, Kyra Howard, Emelye Philip, Aunty Lynn, Madalyn Milazzo, Valeska Halpin, Karell Andrée, Enoch Behzadpour, Jesse Dixon, Nick Black, Michelle Dixon, Salomi Dinort, Maileen Hawthorne, Kathryn and Kasra Rassoulzadegan, LaVelle Smith Jr., Harrison Funk, Taj Jackson, Craig Williams, Tali Willcox, y a toda mi familia y amigos por vuestro amor y apoyo todos estos años.

A toda la comunidad fan de Michael Jackson: (Especialmente: Ashley Bearse, Stepfan Holley, Anil Sai, Sami Nybakk Ben Yahia, Marion Duchemin, Andy Healy, Richard Lecocq y MJ Data Bank, Chris Cadman y The Michael Jackson Archives, Jamison Leggett, Jamie McCormick, Peter Mills, James Birch Marks, Alec, Casey Rain, Cam Hamon, Helena Willcox, Evan Young, Michael Shalik, Mickie Lariviere, Nayomi Pattuwage, Greg Spinks, Simon Clarke, Sandra De La Vega Anderson, Helena Nelson, A.J. Dugger, Jason Damian, Frank Lin, Tyff Hoeft, Jared Bradshaw, Gary Crocker, Tom Wollaert, Heath Claiborne, Charles Reed, Samar Habib, Robert Wilson, Janneke van der Linden y Jackson Source, Malcolm Bryce, Alexandra Dumitru, Vera La Mia, Dr. Sari Fine Shepphird, S. J. Martin, Jerome Horne, Matt Blank y *Michael Jackson World Network*, Michael Harrison, Vinicius Rodrigues, Justin Carl, Belinda O, Keen Zhang y *MJJCN*, Marco Balletta, Fernanda Camino, Laura Messina, John Cameron, Taaj Malik, Pat Lipman, Mary House, Steph Martin,

AGRADECIMIENTOS
· · · · · ·

Bunnie Roe, Ray Harmon, Brigha O'Neill, Mike Gunn, Jason Rodgers, Ritika Chauhan, Patricia Smith, Alexander Warren, Dean Wilson, George Marneras, Diana Rose y todos los leales participantes de damienshields.com). Gracias por vuestro apoyo, amistad y dedicación a Michael. Habéis sido una constante fuente de información, inspiración y motivación para hacer este libro con la mejor calidad posible. El libro es para todos vosotros, después de todo.

Y finalmente, gracias a Michael Jackson. Gracias por conectar tu alma a tu trabajo y por crear una gran obra que cambió el mundo para mejor. Descansa tranquilo sabiendo que tu trabajo sobrevivirá.

www.ingramcontent.com/pod-product-compliance
Lightning Source LLC
Chambersburg PA
CBHW051131160426
43195CB00014B/2428